insel taschenbuch 4991
Lektüre zwischen den Jahren

Bücher begleiten uns durchs Leben. Als Kinder sind wir fasziniert von den fremden Welten und fernen Ländern, in die Bücher uns entführen, und von den ungeahnten Abenteuern, die sie für uns bereithalten. Eine Faszination, die ein Leben lang hält. Was gibt es Schöneres und Entspannenderes, als sich mit einem Lieblingsbuch zurückzuziehen, wenn es draußen stürmt, schneit oder regnet? Den Alltag einmal hinter sich zu lassen und neue Lebenswelten kennenzulernen – und ganz nebenbei auch sich selbst: denn »vielleicht gehört es überhaupt zum Genuss des Lesens, dass man den Reichtum seiner eigenen Gedanken entdeckt« (Max Frisch).

Von Leseabenteuern und glücklichen Stunden, versunken in ein spannendes Buch; von Büchern, die ein Leben verändern, und Buchhändlern, die wahre Helden sind, erzählen die hier versammelten Autorinnen und Autoren.

Lektüre zwischen den Jahren 2023

IM WUNDERLAND DER BÜCHER

Herausgegeben von Gesine Dammel

Insel Verlag

Klimaneutral
Druckprodukt
ClimatePartner.com/14438-2110-1001

Erste Auflage 2023
insel taschenbuch 4991
Originalausgabe

Quellennachweise am Schluss des Bandes

Umschlaggestaltung: Rothfos & Gabler, Hamburg
Umschlagillustration: Henrike Wilson, Hamburg
Satz: Satz-Offizin Hümmer GmbH, Waldbüttelbrunn
Druck: Pustet, Regensburg
Printed in Germany
ISBN 978-3-458-68291-2

www.insel-verlag.de

INHALT

ELSE LASKER-SCHÜLER

Stadt, Buch und Läden

Ich schreibe so selten über Bücher oder Städte, durch die ich spaziere und die mich einladen zu bleiben. Bücher bedeuten für mich Städte, Städte Bücher, leere und lebensreiche. Und da das Buch mir eine ganze Stadt entfalten kann, mit Straßen und Läden und Menschen, die vor ihrem Schaufenster stehenbleiben, genügt mir schon das Buchhändlerlexikon mit der Anzeige neuerschienener Bücher. Genau wie die Stadt veranlaßt oft das Buch noch zu bleiben, alle seine mannigfachen Seiten zu durchstreifen. Nicht der Handel allein lockt den Menschen in die Großstadt oder gar die vielerlei Vergnügungen, aber der mächtige Atemschlag, die gewaltige Bewegungsmöglichkeit, der Austausch des spannenden Gaukelspiels seiner pulsierenden Gedanken und Gefühle. Wie jede Stadt einem Gulliver ein Riesenspielzimmer bedeutet, enthält selbst das wissenschaftlichste Buch seines Autors Spielsachen. Er stellt gedruckte Schau aus. Doch nicht bei jedem Buche trifft es zu, daß es sich um des Schreibers erwachsene, gereifte Spielsachen handelt, oft leider nur um übertünchte, zurückgebliebene. Darum begeistern sich gerade die bedeutenden Dichter an der noch ungefälschten, schlichten Kindlichkeit des Volksliedes. Heiliger Präsente Herzschau. Ein Zwischending der Stadt und dem Buch ist der Laden. Im Grunde ist jeder Laden ein Spielzimmer. Sein Schaufenster, das große Guckloch, sein spielerisch dekoriertes Willkommen. Nie hört, solange wir leben, das Spiel der Gedanken und der Gefühle auf, und die blutrote Spielkammer des Herzens barg wohl das allererste Spiel. Und schon der Mitteilende – legt aus, ausbreitet seine Habseligkeiten. In einem Buche allerdings befleißigt sich der Niederschreibende, methodisch die Dinge und Undinge nebeneinander zu vereinen. Steht auch kein Preis auf jedem seiner Worte, so fordert er für seine Hingabe – Verständnis. Er legt seine Produktion, manchmal aber auch die aus fremder Bezugsquelle, im Buchhändlerdeutsch angezeigt, auf den Spielplatz des Marktes. Ja, die Spielsachen sind wohl die Hauptsachen der Welt, die faßbaren und die unberührbaren. Die Honorare sind es nicht, die man meist nicht einmal erhält. Die Flut des Talentes ist es, die die Muscheln und Korallen über den Rand unserer Lippen schleudert. Der angestellte Vermittler der Spielläden unserer Spielsachen ist der Verleger – – – bei uns klingelt es nur. Für mich bedeutete schon als Kind jedes Buch, ob es von Max und Moritz oder vom Struwwelpeter handelte, einen Spielraum, wie jeder Laden unserer Stadt. Und trotzdem ich nun so wenig Zeit habe, überall bleib ich vor dem Schaufenster stehen, mir die vielen Dinge anzusehen. Selten möchte ich dieses oder jenes mir erstehen, denn – ich habe es ja, habe ich es angesehen. Und wie man gerne ab und zu einen Schmöker liest, so liebe ich auch, die anspruchslosesten Ladenfenster primitiver Läden klirrend umzublättern. Wie amüsant sind doch die Seifenfilialen, Wasservögel, ein Schwarm davon in jedem Viertel:

Rosen, Nelkenseifen, weiß und lila Flieder
Liegen waschgerecht in sauberen Schachteln
  immer wieder
Zwischen Kitschodeuren und Lavendel
Pflegt man zu verpacken allerhändl
Für den Schauenden zum Zeitvertreib.
In den Tagen unserer Osterzeit,

Schäumen Osterhasen gar nicht teuer.
Besen, Scheuertücher, »Liebgeruch«, für Tante
Meier,
Pinsel mit und ohne Stiel
Und zur Seite ihnen Lux und auch Persil,
Soda, Wichse, beinah viel zu viel.
Nippes sind mir all die primitiven Dinge –
Ich wand're weiter und ich singe:

»Es gibt ja so viel Läden, was brauch' ich einen Bücherschrank!« Zerstreuung bietet mir der Straßen mannigfaches Leben. Obendrein ich eine Spiellust geerbt hab' sondergleichen; wahrscheinlich nur meinem Vater zum Vorwand geboren bin, noch in seinen weißen Jahren die Spielware der Läden, mich vorschiebend, unauffällig betrachten zu können. Daß er sich Kreisel, Murmeln, blecherne Enten, die watscheln konnten und schnattern, zur Morgenimbißfreude kaufte, aber ebenso in den Weinhandlungen die Flaschen und kleinen Fäßchen Mosel, seine beschwipsten Kasperlefiguren jauchzend tanzen ließ, daran waren die fröhlich Zechenden schon gewöhnt. Könnte man wie Bücher die Läden auf Regalen ordnen oder irgendwo auf Marmor legen, so würde man, wie bei Büchern, von Romanläden und Gedichtläden, wertvollen und tiefen Läden, Schmöker- und Hintertreppenläden sprechen und sie so unterscheiden. Gestern, es war am Sonntag, bekam ich einen lyrischen Laden, einen Erstklassiker, in mein Haus gesandt, zwischen silberrauschenden Bucheinbänden: 100 Jahre Gebrüder Friedländer. Der Senior des kostbar verbrämten Spielladens Unter den Linden grub einst selbst das Material zu den edlen Spielsachen – in Australien.

AMIR HASSAN CHEHELTAN

Großmutters Geschichte

Als Kind hatte ich natürlich weder eine klare Vorstellung von Literatur noch davon, was donnerstags in unserem Gästezimmer vorging. Für mich waren die Sitzungen dort damals unerreichbar. Erste Kontakte mit der Welt der Fantasie aber nahm ich auf, wenn meine Großmutter mir ihre Geschichten erzählte. Sie ist die Einzige, die nach ihrem Tod in meinem Leben weiterexistiert, und das wird so bleiben, so lange ich sie als Erzählerin in Erinnerung behalte.
Ich weiß noch, wenn sie bei uns war, wünschte ich mir über lange Zeit hinweg eine Geschichte aus der Fabelsammlung *Kalileh und Damneh*, im zwölften Jahrhundert christlicher Zeitrechnung aus dem Arabischen (und zuvor aus dem Sanskrit des indischen Originals ins Mittelpersische) übertragen. Ich konnte mich an dieser Geschichte nicht satthören, die von einem Affen handelt, der immer ohne sein vor Kummer schweres Herz aus dem Haus geht. Er lässt es zu Hause, damit den Menschen, die er besucht, nicht auch schwer

wird ums Herz, und folgt damit einem alten Affenbrauch.

Meine Großmutter setzte sich zu mir ans Bett, strich mir sanft über die Stirn und sprach leise, aber bewegt, wenn sie mir meine Lieblingsgeschichte erzählte. Dann und wann hob sie die Stimme, um Bedeutendes zu betonen, und ließ sie im nächsten Moment wieder sinken. Mit wohlgesetzten Pausen und wechselnden Tonlagen verlieh sie jeder Geschichte geschickt die passende Wirkung.

Ein Schildkrötenmann zog sich zur Erholung für zwei, drei Tage auf eine Insel zurück und freundete sich mit einem dort lebenden Affen an. Die Freundschaft wurde mit der Zeit so eng, dass der Schildkrötenmann seine Frau, seine Heimat und Haus und Hof völlig vergaß.

Dass er nicht mehr nach Hause kam, beunruhigte seine Frau, die sich in ihrer Sorge ihrer Stiefschwester anvertraute: »Ob meinem lieben Mann etwas zugestoßen ist? Er fehlt mir sehr. Ich sehne mir die Seele aus dem Leib.«

Die Stiefschwester wusste wohl, warum Herr Schildkröt noch nicht wieder zu Hause war: »Man sagt, dein Mann habe sich auf einer fernen Insel mit einem Affen angefreundet und finde das Leben mit ihm unvergleichlich schön. Er bedauert zwar, dass er fern von dir ist, tröstet sich mit seinem neuen Freund aber darüber hinweg.«

Frau Schildkröt wird wütend: »O tückisches Schicksal«, schimpft sie, »du hast meinen Mann in die Arme eines anderen getrieben! Von Liebe und Zuneigung hat der Treulose wohl noch nie gehört?«

Ihre Stiefschwester beschwichtigt sie: »Sei dem, wie es sei. Jammern hilft jetzt nichts. Wir müssen überlegen, was wir tun können.«

Gemeinsam suchten sie nach einer Lösung und fanden, der Affe habe den Tod verdient. Frau Schildkröt stellte sich krank und sandte einen Boten, der Herrn Schildkröt die Nachricht von seiner kranken Gattin überbrachte. Als Herr Schildkröt erfuhr, wie schlecht es seiner Frau ging, bat er den Affen um Erlaubnis, zu Hause nach seiner Schildkrötfrau zu schauen. »Mein Freund, wie mitfühlend du bist«, fand der Affe und stellte eine Bedingung: »Komm so bald wie möglich wieder, lass mich nicht zu lang allein. Ohne dich werden Kummer und Sehnsucht meine Begleiter sein.«

Herr Schidkröt versprach, bald zurückzukehren, nahm Abschied und machte sich auf den Weg in seine alte Heimat. Dort angekommen, sah er seine Frau auf dem Totenbett liegen. Sie erwiderte seine Begrüßung nicht und schien auch seine teilnahmsvollen Worte nicht zu hören. So fragte Herr Schildkröt die seine Frau liebevoll umsorgende Stiefschwester: »Warum bringt die Kranke kein Wort über die Lippen? Warum sagt sie mir nicht, was ihr fehlt?«
Die Stiefschwester erklärte: »Wenn man eine Krankheit hat, gegen die kein Mittel hilft und gegen die bisher auch kein neues Mittel gefunden wurde, vergeht einem die Lust aufs Zuhören und Reden.«
Teilnahmsvoll sagte Herr Schildkröt: »Welches Heilmittel ist es denn wohl, das sich, trotz aller Mühen, hier nirgends finden lässt? Sagt es mir, geschwind, damit ich mich auf die Suche machen kann, rund um die Welt, ob wie ein Fisch am Grunde der See oder wie der Mond am Himmel oben, ich werde es finden, und sei's um den Preis meines eigenen Lebens.«
Die Stiefschwester entgegnete: »Sie hat ein Frauenleiden, genauer gesagt, ihre Gebärmutter ist

davon befallen, und das einzige Heilmittel ist ein Affenherz.«
»Wie und woher soll man das wohl beschaffen?«, fragte Herr Schildkröt.
Da die Stiefschwester diese List ersonnen hatte, erklärte sie näher: »Auch wir wissen, wie schwierig es ist, diese hochwirksame Arznei aufzutreiben. Doch nicht deshalb haben wir dich gerufen. Du sollst nur deine treue Gefährtin zum letzten Mal sehen und dich von ihr verabschieden können.«
Tieftraurig sah Herr Schildkröt nun den einzigen Ausweg darin, den Affen zu töten. Er war hin- und hergerissen. Einerseits würde er die Freundschaft zu jemandem mit Füßen treten, der nicht verdient hatte, dass man ihm Gewalt antat. Andererseits ließ ihm keine Ruhe, dass er Verantwortung für sein Haus und seine Frau trug. Schweren Herzens kam er zu dem Schluss, dass das Befinden des Affen geringer zu bewerten sei. Die Liebe zu seiner Frau gewann die Oberhand. Doch er wusste, er würde seinen Plan nur umsetzen können, wenn er den Affen zu sich nach Hause brachte.
Der hatte inzwischen so große Sehnsucht nach

ihm, dass auch seine Freude groß war, als er ihn endlich wiedersah. Er begrüßte Herrn Schildkröt vergnügt und fragte sogleich nach Frau Schildkröts Befinden. Worauf Herr Schildkröt zur Antwort gab: »Meine Sehnsucht nach dir war so groß, dass ich das Wiedersehen mit meiner Frau nicht genießen konnte. Der Gedanke daran, wie einsam und allein du hier warst, verdarb mir alle Freude am Gespräch mit ihr. Und ich habe mich gefragt, ob du dich hier vielleicht vergnügst, während dein treuer Freund sich nach dir sehnt. Deshalb bin ich nun hier, um dich zu mir nach Hause zu holen, damit auch meine Frau in den Genuss deiner Bekanntschaft kommt.«

Woraufhin der Affe einwandte: »Freunde, die fern voneinander sind, können in der Fantasie mühelos zueinanderfinden. Denn Entfernung steht einer geistigen Begegnung nicht im Weg. So besteht doch, allem Anschein nach, kein Grund zur Traurigkeit.«

Da Herr Schildkröt seine Bitte jedoch wiederholte, willigte der Affe schließlich ein: »Dein Wunsch sei mir Befehl. Aber schwimmen kann ich nicht.«

»Keine Sorge«, sagte Herr Schildkröt, »ich trage dich huckepack ans andere Ufer.« Gesagt, getan. Herr Schildkröt nahm den Affen auf den Rücken und brach mit ihm in seine Heimat auf.
Mitten auf hoher See aber wurde ihm das Herz schwer. Der Plan, den er für den Affen ersonnen hatte, würde im Grunde allein seinen Ruf ruinieren, da er sich anschickte, ein gesundes Wesen zu töten, um ein krankes Wesen zu retten. »Freie Menschen tun das nicht«, dachte er. Gedankenverloren hielt er mitten im Wasser inne. »Warum so nachdenklich?«, fragte der Affe. »Bin ich dir zu schwer geworden, dass du so lange zögerst?«
»Wie kommst du darauf?«, fragte Herr Schildkröt.
»Man sieht dir an, dass du zweifelst«, antwortete der Affe. »Nenn mir den Grund für dein Zögern, vielleicht kann ich dir helfen.«
»Du hast recht«, sagte Herr Schildkröt. »Mir ging durch den Kopf, dass du mich ja zum ersten Mal besuchst, und da meine Frau krank ist, wird sie dich nicht angemessen bewirten können. Das wird mir peinlich sein.«
»Du willst, dass es mir an nichts fehlt, ich weiß«,

sagte der Affe. »Zerbrich dir nicht den Kopf über den Brauch der guten Bewirtung von Fremden. Ich bin ja kein Fremder.«

Herr Schildkröt schwamm ein Stück weiter, doch seine Gedanken holten ihn bald darauf wieder ein: »Die Frauen haben mich in den Strudel der Untreue gerissen und mich dazu gebracht, mein Wort zu brechen. Aber ich weiß, auch sie halten Abmachungen nicht ein, und es wäre äußerst unklug, von ihnen zu erwarten, dass sie treu sind. Warum soll ich mich feige von ihnen täuschen lassen? Und was sollen die Gottesfürchtigen von mir denken?«

Wieder versank er in Gedanken, und wieder hielt er inne. Der Affe wurde noch misstrauischer und fragte Herrn Schildkröt abermals: »Warum gerätst du immer wieder ins Grübeln?«

»Ach Bruder«, bat Herr Schildkröt, »verzeih mir, aber der Gedanke an meine kranke Frau und an die Kinder, die es deshalb sehr schwer haben, lässt mich nicht los.«

Woraufhin der Affe sagte: »Ich dachte mir schon, dass deine Frau krank ist. So sag mir doch, was ihr fehlt und wie man ihr helfen kann. Jeder Schmerz ist heilbar.«

»Die Ärzte fordern ein Heilmittel, das ich nicht habe«, sagte Herr Schildkröt.
Der Affe fragte: »Sag, welche Arznei soll das sein, die man nirgendwo kaufen kann? Vielleicht kann ich sie ja beschaffen.«
Herrn Schildkröt rutschte die unbedachte Antwort heraus: »Die seltene Arznei ist ein Affenherz.«
Als der Affe das hörte, wurde ihm himmelangst und sogleich rabenschwarz vor Augen. Doch er ließ sich nichts anmerken und dachte bei sich: ›Wie dumm von mir, mich hinters Licht führen zu lassen. Ich bin in eine Todesfalle getappt. Nur mit List und Tücke werde ich ihr entkommen.‹
Und laut sagte er: »Ich weiß, wie dieser Frau zu helfen ist, und ich kann die Medizin mühelos beschaffen. Sei unbesorgt. Viele Affenfrauen leiden an dieser Krankheit, und wir überlassen ihnen unser Herz, ohne selbst größeren Schaden zu nehmen, weil wir auch ohne Herz leben können. Ich werde dir mein Herz nicht vorenthalten. Wenn du mir vor unserem Aufbruch Bescheid gesagt hättest, hätte ich es mitgenommen, und es wäre wunderschön gewesen, wenn deine Frau

sofort nach unserer Ankunft bei euch genesen wäre. Mein Herz ist mir zur Last geworden, und ich wünsche mir nichts sehnlicher, als mich davon zu trennen, weil es so schwer ist vor Kummer, vor Leid, vor Sorgen.«

»Wo ist denn dein Herz, dass du's nicht mit auf die Reise genommen hast?«, wollte Herr Schildkröt wissen.

Der Affe sagte: »Ich hab's zu Hause gelassen. Das ist so Brauch bei uns. Wenn ein Affe seine Freunde besuchen und schöne Stunden mit ihnen verbringen will, geht er stets ohne sein schweres Herz aus dem Haus. Jetzt ist es unhöflich, deine Frau mit leeren Händen zu besuchen. Du würdest es mir vielleicht verzeihen, aber deine Nächsten würden sich gewiss fragen, warum ich als dein guter Freund dir mein Herz vorenthalte. Kehren wir also um, damit ich es holen kann.«

Diesmal zögerte Herr Schildkröt nicht. Er machte auf der Stelle kehrt und schwamm zurück ans Ufer. Dort kletterte der Affe geschwind auf einen Baum und dankte Gott dafür, dass er mit dem Leben davongekommen war.

So endete unsere Geschichte und hatte den magischen Kreis beschrieben, der ihr Ende mit ihrem Anfang verband. Und ich schlief mit der Gewissheit ein, dass die Welt geschaffen worden war, um sie zu genießen.

CLAIRE BEYER

Mias Wunder

Über Mia lässt sich nichts Ungewöhnliches sagen. Sie ist zwölf Jahre alt und für ihr Alter eher klein. Überhaupt ist sie ein zartes, unauffälliges Mädchen, das meistens vor ihrem Elternhaus auf der Treppe sitzt und mal den Menschen, mal den Autos, dann wieder den Blättern nachschaut, wenn die – wie jetzt im Spätherbst – von den Bäumen abgeworfen werden. Man sieht sie so gut wie nie mit Freundinnen und auch nicht in der Stadtbücherei, obwohl sie wie ein Lesekind wirkt. Verträumt und nachdenklich. Zur Schule geht sie nicht ungern, doch noch lieber sind ihr die Ferien. Da hat sie die Zeit für ihre Treppe und für alles, was sich von dort aus beobachten lässt. Wenn es kälter wird, verkürzt sie den Aufenthalt vor dem Haus und richtet sich am Fenster ein, das zur Straße zeigt. Wer an ihr vorbeilief, hatte nie den Eindruck, dass sie auf etwas wartete. Und doch war es so.

Sie wartete auf Frau Sommer, die mit ihrer Familie eine Villa am Ende der Straße bewohnte, dort, wo die *Engelswiese* lag, die die Form zweier Flügel hatte und deshalb so genannt wurde. Im Frühling standen die Blüten des Löwenzahns auf ihr so eng zusammen, dass der Eindruck entstand, der Engel wäre in ein gelbes Kleid geschlüpft, doch jetzt, da der Winter bald Einzug hielt, sah man nur noch einzelne braune Halme zwischen Erdklumpen herausragen, und um die Flügel zu erkennen, brauchte es viel Fantasie. Auch die beiden Pferde – niemals sah man, dass sie geritten oder ausgeführt wurden – waren verschwunden, obwohl sie den ganzen Sommer auf der Wiese grasten. Kinder hatten das ganze Jahr versucht, sie zu sich zu locken, hatten ihnen Grasbüschel entgegengestreckt, doch die Tiere sahen nicht einmal auf.

Frau Sommer kam täglich zur selben Zeit an Mias Treppe oder ihrem Fenster vorbei. Seit zwei Jahren ging das nun so, denn vor zwei Jahren war Frau Sommer Mutter geworden. Vom ersten Tag an schob sie einen Kinderwagen die Straße entlang, und Mia hatte nach wenigen Wochen den Mut aufgebracht und darum gebeten, das Neugeborene einmal sehen zu dürfen. Die Frau hatte lächelnd zugestimmt, aber entschuldigend hinzugefügt, sie dürfe nicht lange stehenbleiben, sonst brülle der Kleine und höre nicht mehr auf. Mia hörte das Kind, ehe sie es sah. Schnell zog sie sich zurück, und Frau Sommer setzte ihren Weg fort. Man hörte das Schreien noch, bis sie ganz aus Mias Blickfeld verschwunden war.

Trotz des weinenden Kindes erfüllte Mia die kurze Begegnung mit Freude, fast mit Stolz. Frau Sommer war ihretwegen stehen geblieben und hatte ihr erlaubt, den Säugling zu betrachten. Die schöne, reiche Frau Sommer, die so gut roch. Mias Mutter roch nach Zigaretten, manchmal auch nach Alkohol und schlechter Laune. Ihr Vater war selten zu Hause, und wenn, dann roch er nach Öl oder Benzin. Auf der Treppe war die Luft deutlich reiner.

Irgendwann saß der Junge in einem Buggy. Er schien sich zu freuen, wenn er das Mädchen sah, und brüllte nicht mehr, wenn seine Mutter bei ihr stehen blieb. Ein paar nette Worte, ein Streicheln über den Lockenschopf des Kleinen, dann eilte Frau Sommer weiter. Und doch hatte Mia erfahren können, dass er Wilhelm hieß. Wilhelm, wie sein Großvater, der die Villa an der Engelswiese erbaut hatte.

Am letzten Schultag vor den Schulferien wurde das tägliche Ritual jäh unterbrochen. Frau Sommer kam direkt auf das Mädchen zu und streckte ihr die Hand entgegen. Mia war zunächst unsicher, dann erwiderte sie den leichten Händedruck, wollte schnell den Arm zurückziehen, doch Frau Sommer hielt Mias Hand fest. Ob sie sich vorstellen könne, ab und zu auf Wilhelm aufzupassen, ihn zu füttern und ins Bett zu bringen? *Ja! Ja!,* dachte Mia, gab mit einem Nicken ihre Zustimmung. Schon am selben Abend sollte sie zur Villa kommen, um sich mit allem vertraut zu machen, insbesondere mit dem Füttern und Zubettbringen des Jungen. Letztere Aussage betonte Frau Sommer, indem sie Mia, der eine tiefe Röte ins Gesicht schoss, in die Augen sah.

Am Abend blieb Mia für wenige Augenblicke vor der hölzernen Eingangstür der Villa stehen. Sie bestaunte das Rosenbeet, das sich vom Eingang wie ein blühendes Band am Haus entlangschlängelte und offenbar seinen Weg auf die Rückseite fortsetzte. Sie bewunderte die großen, hohen Fenster mit den dunklen Einfassungen, die Schnitzereien am Portal und die eiserne Leuchte darüber. Weiter kam sie nicht mit ihren Betrachtungen, denn die Tür wurde geöffnet, und Frau Sommer lächelte ihr entgegen. Sie trug ein elegantes Kostüm aus dunkelblauer Seide, mit einem weiten, schwingenden Rock. Mia streifte ihn, als sie die Villa betrat. Vom Ehemann und Vater war nichts zu sehen. Überhaupt bekam sie ihn erst später, als sich ihr Besuch wiederholte, zu Gesicht. Das Innere des Hauses war aber eindeutig von einem Mann gestaltet worden. Die Kommode aus dunklem Holz, schwarze Ledersessel, und an den Wänden hingen Ölbilder der Vorfahren – das einzig Schmückende im Eingangsbereich. Der Kontrast zu den hellen, zarten Rosen vor dem Haus hätte nicht größer sein können. Mia folgte Frau Sommer, die mit schnellen Schritten einen dunklen Flur entlangschritt. Den Zugang zum Kinderzimmer öffnete die letzte der langen Reihe schwerer Türen, die links und rechts in nahezu perfekter Symmetrie angeordnet waren. Wilhelm saß, von hellen Holzklötzen umgeben, auf dem Boden und war so tief in sein Spiel versunken, dass er weder seine Mutter noch Mia wahrnahm. Mit leicht geröteten Wangen und den blonden Locken sah er aus wie eine der Engelsfiguren an der Decke der örtlichen

Kirche. Als er schließlich aufsah und das Mädchen erkannte, lächelte er ein wenig und streckte ihr die Arme entgegen. Mia wollte ihn schon hochheben, doch Frau Sommer bat sie, zu warten. Zunächst sollte Wilhelm seinen Brei essen, der neben einem Glas Milch auf einem kleinen Tischchen am Fenster stand. Wilhelm schüttelte den Kopf und ließ sich wieder auf den Boden fallen, den Rücken wandte er der Mutter zu. Endlich ließ er sich aber überzeugen und durfte noch eine Weile mit Mia und den Holzklötzchen spielen.

Das Mädchen blieb, bis der Junge von seiner Mutter ins Bett gebracht wurde, sich zur Seite drehte und dort still verharrte. Frau Sommer löschte das Licht, zog die Tür leise hinter sich zu und sagte zu Mia, das sei alles, mehr brauche es nicht. Dann begleitete sie das Mädchen zur Haustür. Schon in wenigen Tagen solle sie wiederkommen und bei Wilhelm bleiben, bis sie und ihr Mann aus der Oper zurückkämen.

Und wieder wurde Mia von Frau Sommer in Empfang genommen. An diesem Abend trug die Mutter ein langes, enganliegendes Abendkleid aus silbern glänzendem Stoff. Mia zwang sich,

den Blick von den glitzernden Fäden der aufgebrachten Stickereien abzuwenden, und starrte verschämt auf den Boden. Frau Sommer aber hob lächelnd das Kinn des Mädchens hoch und strich ihr über die Haare, was Mia noch mehr aus der Fassung brachte. Doch da war schon Wilhelm zu hören. *Mia, Mia, Mia …*
Schnell ging sie die Treppe hoch, eilte an den schweren Holztüren entlang und am weit geöffneten Kinderzimmer angekommen, nahm sie den Kleinen in den Arm. Wilhelm hatte seinen Brei bereits gegessen, die leere Schale stand auf dem Tablett. Er trug bereits den Schlafanzug und sah seine Mutter, die Mia gefolgt war, fragend an. Er solle brav sein, sagte Frau Sommer nur, gab ihm einen leichten Kuss auf die Wange und verließ das Zimmer, als zöge sie jemand hinaus.
Wilhelm schaute verdutzt, verharrte kurze Zeit regungslos, aber als er begriff, dass seine Mutter nicht wiederkommen würde, begann er zu weinen. Zunächst leise, dann kullerten dicke Tränen über seine Wangen, zuletzt schluchzte er laut auf und heulte herzerschütternd und andauernd. Ratlos setzte sich Mia zu ihm aufs Bettchen und versuchte, ihn tröstend an sich zu ziehen. Aber

Wilhelm bog das kleine, kräftige Kreuz durch und strampelte wild umher. Hilflos hob sie ihn schließlich aus dem Bett und ging mit dem weinenden Jungen an der Hand durch die Villa.
Sie verließen das Kinderzimmer, liefen den langen Flur entlang, die Treppe hinunter, gingen von Raum zu Raum und kamen bei ihrem gespenstigen Rundgang irgendwann auch in die Bibliothek. Mia schaute auf hohe, dunkle Regale, die mit unzähligen Büchern gefüllt und von Glastüren vor Staub geschützt waren. Sie dachte an ihren längst verstorbenen Großvater, dachte daran, wie er aus seinem selbstgezimmerten Sperrholzregal das einzige Buch nahm, das er besaß, es aufschlug und sie herbeiwinkte. *Rotkäppchen* oder *Sterntaler, Aschenputtel* oder *Hans im Glück*. Sie durfte wählen und bettelte meist um *Aschenputtel*. In Großvaters Regal gab es dieses eine Buch, eine Tabakdose, eine Lupe, einen Schraubenzieher und einen Stapel Zeitschriften, erinnerte sie sich. Und auch, dass nach Opas Tod dessen Besitz verschwand, als hätte es ihn nie gegeben, noch nicht einmal das Märchenbuch.
Das Regal, vor dem sie nun mit Wilhelm stand,

war mit Büchern so vollgestopft, dass sie kaum in der Lage war, einen einzelnen Titel zu erkennen. Sie griff blind hinein, das dauernde Weinen des Kleinen machte sie fahrig und unkonzentriert. Ein Buch in der Hand setzte sie Wilhelm behutsam auf den Boden, und erst da wurde ihr bewusst, dass es plötzlich still um sie war. Sie sah ihn an, sein kleines Gesichtchen war gerötet und nass und in ihrem eigenen ließen sich wohl auch Spuren von vergossenen Tränen erkennen, die sie mit dem Handrücken nur oberflächlich abgewischt hatte.

»Schau, was ich da habe«, versuchte sie Wilhelm neugierig zu machen. »*Die drei Musketiere* von Alexandre Dumas.« Natürlich wusste das Mädchen nicht, wer und was die drei Musketiere waren, als sie die erste Seite aufschlug und zu lesen begann: *Die drei Geschenke des alten d'Artagnan* … Kaum hatte sie den Namen d'Artagnan ausgesprochen, prustete Wilhelm vor Lachen los. Mit lautem Kichern formte er die Silben *Dar Tag Nan* und konnte sich vor Vergnügen kaum beruhigen. Während sie beide den Namen unzählige Male wiederholten, wurde Mia klar, wie urkomisch ihre Mimik ausgesehen haben musste, als sie den Namen das erste Mal ausgesprochen hatte. Sie glaubte damit den Grund für Wilhelms Stimmungswandel zu kennen. Wie eine Sprechpuppe oder eine Marionette, so musste sie ausgesehen haben. Sie lachten und lachten – über den Namen, über ihre Grimassen, über den jeweils anderen –, und bald wälzten sich der zweijährige Wilhelm und die zwölfjährige Mia vor Kichern und Glucksen am Boden. Es war unmöglich geworden, mit dem Lesen fortzufahren. Völlig erschöpft schliefen beide irgendwann ein.

*

Als Herr Sommer Mia sanft auf das große Sofa gelegt und mit einer eilig herbeigeholten Decke zugedeckt hatte, wachte das Mädchen auf und erzählte ihm schlaftrunken und voller Sorge vor seiner Reaktion, was vorgefallen war. Während Frau Sommer, die Wilhelm zu Bett gebracht hatte, Mia, die am ganzen Körper zitterte, fragte: »Wie konnte das nur passieren?«
Schnell kam Herr Sommer Mia zur Hilfe. »Schuld hat das Wunder, das in den Büchern wohnt, das

hat euch offenbar verzaubert.« Er lächelte sie an, worauf Mia sich beruhigte. Herr Sommer hatte das Buch vom Boden aufgehoben, blätterte darin, so, als sehe er es zum ersten Mal. Dann wandte er sich wieder dem Mädchen zu. »Du musst wissen«, sagte er leise, als spräche er zu sich, »ein Buch wächst wie ein Baum. Langsam und beständig. Seite für Seite, Ring für Ring. Schon vor der ersten Silbe sollte dir klar sein, wie hoch er werden wird, wie groß seine Äste und Zweige sind, wie dicht seine Blätter. Wer darin wohnt, wer daran hochklettert. Und nicht zuletzt, wo er steht. Was er zu sehen bekommt, woran er leidet oder sich erfreut.«

»Wer wohnt darin?«, fragte Mia verwirrt.

»Eichhörnchen, Vögel, Mäuse, Insekten, oder, im Fall eines Buches, Menschen …«

»Und Musketiere?« Mias Wangen waren rot vor Verlegenheit. Herr Sommer lachte.

»Nein, in unserem Baum nicht, dafür müsste er in Frankreich wachsen, außerdem klettern Musketiere nicht auf Bäume!«

Mia ließ sich nach hinten auf das Sofa fallen. Sie werde einmal ein Riesenbuch schreiben, wenn sie es besser könne … Er hatte sie angelächelt und sie wissen lassen, dass er keine Sekunde daran zweifle.

*

Von da an kam sie regelmäßig, um auf Wilhelm aufzupassen. Vor dem Schlafengehen las sie ihm Geschichten vor. Eingerollt wie eine Schnecke lag Wilhelm an ihrer Seite, die Ecke eines kleinen Tuches im Mund, und lauschte ihren Worten, bis ihm die Augen zufielen. Immer auf der Suche nach neuen Büchern wurde sie Dauergast in der Stadtbücherei. Die Auswahl an Kinderbüchern war umwerfend. Mia brachte zunächst bebilderten Ausgaben mit, doch Wilhelm wollte sich dafür nicht wirklich begeistern. Sie sollte vorlesen, ihm die Geschichten wie fein gewobene Tücher auf seinen kleinen Körper legen, und er schien sie einzuatmen, Wort für Wort. Sie wurde großzügig entlohnt, legte das Geld zurück und gab so gut wie nichts davon aus.
Buch reihte sich an Buch, bis es an einem sonnigen Herbsttag vorbei war, weil die Familie aus beruflichen Gründen nach Frankreich ziehen musste. »Du besuchst uns natürlich in den Fe-

rien«, sagte Frau Sommer und hatte Tränen in den Augen, als sie Mia bat, Wilhelm noch nichts von dem bevorstehenden Abschied zu erzählen. Das Mädchen hielt sich daran, kam sich aber wie eine Verräterin vor. Für den letzten Abend lernte sie ein Gedicht von Rudolf Baumbach auswendig und flüsterte es Wilhelm ins Ohr. Dann sah sie ihn lange an. Er erwiderte den Blick.

Die Gäste der Buche

Mietegäste vier im Haus
Hat die alte Buche.
Tief im Keller wohnt die Maus,
Nagt am Hungertuche.

Stolz auf seinen roten Rock
Und gesparten Samen
sitzt ein Protz im ersten Stock;
Eichhorn ist sein Namen.

Weiter oben hat der Specht
Seine Werkstatt liegen,
Hackt und zimmert kunstgerecht,
Dass die Späne fliegen.

Auf dem Wipfel im Geäst
Pfeift ein winzig kleiner
Musikante froh im Nest.
Miete zahlt nicht einer.

Wieder sah sie ihn lange an. Er erwiderte den Blick. Und ganz zum Schluss flüsterte sie: »Mach es gut, mein kleiner d'Artagnan!«

*

Noch viele Tage ging Mia mit gesenktem Kopf zur Schule und wieder nach Hause. Sie brachte die für Wilhelm ausgeliehenen Bücher zurück und ging mit leeren Händen an der inzwischen vertraut gewordenen Angestellten der Bibliothek vorbei. Die Bibliothekarin sah sie fragend an, doch Mia schüttelte nur den Kopf. Ein Moment reihte sich an den nächsten. Meist saß sie wieder auf ihrer Treppe und schaute den Menschen zu oder den Autos und den Blättern, die jetzt kräftig und grün aus den Ästen trieben.
Hin und wieder schlenderte sie zur Engelswiese, um nach der Villa zu schauen. Das Haus stand mit geschlossenen Augen da. Die Türen waren

versperrt, die Fensterläden verschlossen und verriegelt. Der Verputz bröckelte von den Wänden, und das Rosenbeet war verwildert. Die langen Triebe zeigten noch Blüten, doch die wollten sich nicht öffnen und hingen bald schwarz vor Läusen zwischen den Dornen. Nur der Löwenzahn zwängte sich ungeniert und in leuchtendem Gelb durch das Kiesbett des Weges, der zum Haus führte. Umso enttäuschter war Mia, als sie an einem sonnigen Ferientag zur Engelswiese ging, vergeblich hoffend, wenigstens die Pferde zu sehen.
Vor der Villa parkten eine große Anzahl von Autos und Handwerkertransporter. Die Haustür war weit geöffnet, und darin standen zwei Männer, die großflächige Baupläne studierten. Mia kam es vor, als würde das Haus brummen. Vor Freude oder Angst, sie konnte das nicht unterscheiden, schlich aber näher heran. Keiner beachtete sie, als sie hinter das Haus ging, wo eine orangene Abrissmulde stand. Ein junger Mann in blauer Arbeitskleidung schob eine Schubkarre voller Bücher aus der Villa. Mia sah zu, wie er sie mühsam über eine Diele in den Container bugsierte, dort ablud und wieder zurück zum Haus eilte. Der Vorgang wiederholte sich vor den

entsetzten Augen des Mädchens. Sie nahm allen Mut zusammen und sprach ihn an. »Muss entsorgt werden«, sagte er nur und fuhr zunächst mit seiner Arbeit fort, hielt dann aber ein. *Alle nass,* wiederholte er, die Bücher hätten in der Feuchtigkeit und Kälte so stark gelitten, dass sie unlesbar geworden wären. *Ist nichts mehr zu machen. Muss sein.* Was mit den Büchern passiere, wollte Mia wissen. Die würden verbrannt, erklärte er schulterzuckend und wandte sich wieder seiner Arbeit zu.

Mia floh. Sie setzte sich mit dem Rücken zum Haus an den Rand der Engelswiese. Allein die Vorstellung, wie all die Bücher in Flammen aufgingen, trieb ihr die Tränen in die Augen. Sie rief nach Wilhelm, doch der konnte sie nicht hören. Er war in Frankreich, sprach nun die Sprache d'Artagnans und würde sie wahrscheinlich längst vergessen haben. Und ganz sicher hatte sein Vater eine neue Bibliothek mit Glastüren. Dunkel und hoch. Wie konnten sie nur … Mia weinte nun noch heftiger, denn erste Bilder von brennenden Büchern und Rauchschwaden zogen über sie hinweg, und bald waren ihre Gedanken davon eingehüllt.

In diesen Augenblicken geschah es. Zunächst hörte sie ein leises Wispern, dann wurde es lauter, Rufe ertönten. Mit geschlossenen Augen sah sie, wie ein Menschenpulk auf sie zukam. Als Erstes erkannte sie d'Artagnan mit seinen Gefährten Athos, Porthos und Aramis, gefolgt vom Grafen von Monte Christo. Ihnen angeschlossen die Wilden Kerle, Pippi Langstrumpf, Emil und die Detektive, die Rote Zora, Jim Knopf, Alexander und die Zaubermaus und die Schwarzen Brüder. Leise trabend Rosinante, Don Quichotte auf ihrem Rücken. Mit etwas Abstand folgten Effi Briest, Harry Stiller, Lara und Dr. Schiwago, ihnen auf dem Fuß Scarlett und Rhett. Mit Mühe folgten ihnen Hans Castorp, Herr Grünlich und Toni, außer Atem Dr. Heinrich Faust und an seine Fersen geheftet Mephisto. Die schöne Frau Seidenman schritt grazil und Bronsteins Kinder taten es ihr gleich. Der große Gatsby suchte offenbar nach Daisy Fay, entdeckte sie aber nicht, Paris, der die schöne Helena an der Hand führte, der liebe Augustin, hüpfend, der kleine Prinz, Julius Winsome, seinen Hund Hobbes an sich haltend, Lew Nikolajewitsch Myschkin, Anton Reiser …

Die Prozession, die aus dem Container floh, nahm kein Ende. Jede und jeder von ihnen vertraute sich Mia mit der Gewissheit an, dass sie diejenige wäre, die ihnen eine neue Zuflucht bieten würde. Und Mia nahm sie alle auf. Sie zogen wie selbstverständlich bei ihr ein. Buch für Buch, Jahr für Jahr. Und sie blieben, denn wie sollte es auch anders sein, wenn erst einmal der Weg ins Wunderland der Bücher gefunden war.

GABRIELA JASKULLA

Der Schrank

Die Mutter hatte einen Putzzorn. Sie hatte von Paris geträumt, von einer Tänzerinnenkarriere. Stattdessen wartete sie nun allabendlich in der Provinz auf den Vater. Mal kam er, mal kam er nicht. Meine Mutter schrubbte die Böden, sie zog die Scheiben ab, sie polierte die Möbel und hörte dabei Radio Luxemburg: Jacques Brel, Juliette Gréco, ihren Liebling, die Piaf. Ob die Zugehfrau die Fenster ordentlich gesäubert hatte, kontrollierte sie, indem sie mit einem weißen Handschuh an den Rahmen entlangfuhr. Immer roch es im Haus nach Salmiakreiniger, nach Energie, nach Wut. Das Möbel, das sie am meisten herausforderte, war ein wuchtiger Schrank. Er dominierte mit seiner wilden Mahagonimaserung die gegenüberliegende Schrankwand und die moderne Sofalandschaft. Der Schrank war ein Chippendale-Möbel, jedoch zu schwer, ein eher grober Klotz, vier stilisierte Pfoten trugen einen massigen Korpus. Der Schrank mit seinen falschen Löwentatzen war ein Biest, jeden Augenblick konnte er sich auf die unschuldigen Siebziger-Jahre-Möbel stürzen, die sich an die Wände drückten. Ungeachtet seiner Masse hatte der Schrank in seinem mittleren Teil Glastüren eingebaut, so dass man die dahinter sortierten Bücher, die wenigen ausgestellten Vasen und das Silberzeug gut sehen konnte. Hier wurden nur die besten Bücher aufbewahrt – nicht die immer zahlreicher werdenden Readers-Digest-Sammelbände, die viermal im Jahr Kunde von den schönen und schrecklichen Dramen in der Welt brachten, nicht die katholische Besinnungsliteratur, die der Vater bevorzugt las. Hier stand das 24-bändige Lexikon, das ich liebte, weil es schon im Titel die ganze Welt zu enthalten schien: Herders Universal-Lexikon! Immer, wenn meine kindliche Wissbegier Mutter überforderte, sagte sie mit ernsthafter Miene: »Da müssen wir die schlauen Bücher fragen!«, griff einen der großen, mit Goldschnitt geschmückten Bände und suchte das entsprechende Stichwort. Das Lexikon hatte also einen Ehrenplatz inne, das Gleiche galt für Paul Claudels Romane, ein bisschen Norman Mailer, ein bisschen Julien Green und Rolf Hochhuth, der mit dem Papst abrechnete. Umso überraschter war ich, als ich eines Tages dort – Kinderliteratur entdeckte. Robin Crusoe und Karl May standen ganz woanders, aber als ich mich wieder einmal gelangweilt im Wohnzimmer herumtrieb und versuchte, auf die verzierte Sockelleiste des Schrankmonsters zu klettern, kamen ein paar Bücher ins Rutschen. Ein Taschenbuch kippte zur Seite, und ich entdeckte eine Tintenzeichnung, die nur von Kinderhand stammen konnte: ein schwarzes Männchen, das, offenbar ermüdet, seinen Kopf auf die Tischplatte sinken lässt. Diese Müdigkeit kannte ich. Sie überfiel mich unweigerlich, wenn ich aus der Schule kam – total gelangweilt, voller Überdruss, weil das, was man da lernte, längst bekannt oder von ziemlich zweifelhaftem Nutzen erschien. Jetzt war mein Interesse geweckt. Ich schob die Glasscheibe zur Seite und griff nach dem Buch: Franz Kafka, »Der Prozess«. Ich blätterte und überflog die erste Seite: »Jemand musste Josef K. verleumdet haben, denn ohne daß er etwas Böses getan hätte, wurde er eines Morgens verhaftet.« – Das begann spannend. Was »Verleumdung« war, wusste ein katholisches Kind wie ich aus der Passionsgeschichte; der ängstliche Petrus übte einen besonderen Zauber aus, ähnlich dem ungläubigen Thomas. »Die Köchin der Frau Grubach, seiner Zimmervermieterin, die ihm jeden Tag gegen acht Uhr das Frühstück brachte, kam diesmal nicht. Das war noch niemals geschehen.« Ich verstand das Beunruhigende dieser ersten Sätze sofort: Auch meine Mutter fiel in Panik, wenn unsere Zugehfrau einmal unentschuldigt ausblieb. Es ging nicht darum, dass einmal Hilfe unterlassen wurde – es brachte ihre Ordnung durcheinander. Ich las im Stehen weiter, blätterte, nahm auf der wulstigen Sofakante Platz, nahm das Buch schließlich mit in mein Zimmer – aber nicht, ohne die nun entstandene Lücke in der Bücherreihe sorgfältig zu kaschieren, indem ich die Abstände der verbleibenden Bücher unauffällig vergrößerte. Was man durfte und was nicht, war manchmal schwer vorauszusehen. Warum hatte man mir diesen Franz Kafka vorenthalten? Ich vertiefte mich in die ungewohnte Lektüre. Dieser Herr Kafka stellte mich vor ganz neue Aufgaben. Die einzelnen Sätze waren nicht schwierig, ja, der Schriftsteller benutzte nicht einmal komplizierte Wörter. Die unbekannten Begriffe konnte man sich leicht ausmalen: Eine »Schreibmaschinistin« wie Frau Bürstner, das war wohl eine besonders tüchtige Sekretärin, halb Mensch, halb Automat. Ein »Kunstmaler« malte Bilder wahrscheinlich einfach besonders kunstvoll. Und dass Gerichtsdiener rätselhafte Dinge taten, konnte man akzeptieren, so wie ich sonst sprechende Lurche und tanzende Pferde akzeptierte. Aber die Welt, die dieser Herr Kafka da erschuf, die musste man sich erst mal vorstellen! Die war anders, düsterer als alles, was ich bisher kannte. Es war, als lüde mich Herr Kafka in seine Träume ein. Ich fühlte mich geehrt, weil dieser Autor Kindern offenbar viel zutraute – und gleichzeitig kämpfte ich mit mir. Mehr als einmal boxte ich mir mit der Faust gegen den Kopf: Was war denn bloß los mit mir? Ich las doch sonst alles, was mir unter die Finger geriet: Heftchenromane, Heiligenlegenden, die Reportagen von Meeresforschern und Abenteurern wie Hans Hass. Aber das hier war – anders. Die Welt, die Herr Kafka erschuf, veränderte beim Lesen auch meine Welt. Plötzlich kam mir mein kindlicher Alltag seltsam grau und irgendwie sinnlos vor. Wie ein Mechanismus, der leerläuft. Es schauderte mich – und gleichzeitig war ich bereits süchtig.

Nach einer Woche war ich mit dem »Prozess« durch – und nahm ein anderes Kafka-Buch aus der Bücherreihe: »Das Urteil. Und andere Erzählungen«. Ha, das war einfacher! Gerichts-Szenarien war ich ja nun schon gewohnt. Ich frohlockte innerlich. Dass man morgens aufwacht und sich als Käfer in der Welt wiederfindet – das war ohne weiteres vorstellbar. Ich war entzückt von »Josefine und das Volk der Mäuse«. Und ja, vom »Bericht an eine Akademie«. Immer noch ballte ich die Fäuste, wenn zu komplexe Sätze zu verwirrende Inhalte transportierten, immer noch kam ich regelrecht ins Schwitzen vor lauter Anstrengung beim Lesen und gab mir Kopfnüsse, weil ich so schwer von Begriff war – aber ich ließ nicht locker: »Nahezu fünf Jahre trennen mich vom Affentum, eine Zeit, kurz vielleicht am Kalender gemessen, unendlich lang aber durchzugaloppieren, so wie ich es getan habe, streckenweise begleitet von vortrefflichen Menschen, Ratschlägen, Beifall und Orchestralmusik, aber im Grunde allein, denn alle Begleitung hielt sich, um im Bilde zu bleiben, weit von der Barriere. (…) Ich, freier Affe, fügte mich diesem Joch. Dadurch verschlossen sich mir aber ihrerseits die

Erinnerungen immer mehr. War mir zuerst die Rückkehr, wenn die Menschen gewollt hätten, freigestellt durch das ganze Tor, das der Himmel über der Erde bildet, wurde es gleichzeitig mit meiner vorwärtsgepeitschten Entwicklung immer niedriger und enger; wohler und eingeschlossener fühlte ich mich in der Menschenwelt; der Sturm, der mir aus meiner Vergangenheit nachblies, sänftigte sich; heute ist es nur ein Luftzug, der mir die Fersen kühlt.« Ich kann nicht behaupten, dass ich alles verstand, was ich da las. Aber auch mein belesener Vater konnte häufig Details aus den Geschichten, nach denen ich ihn fragte, nicht mehr rekapitulieren; auch die Erwachsenen kürzten ab, schwindelten dazu, passten an. Ich las also in den Herrn Kafka meinen eigenen Kafka hinein: Ich las etwa von einem Affen, der einmal Mensch gewesen war oder umgekehrt, ich las von Barrieren, die manche Wesen von anderen unwiderruflich trennten, las vom Joch des Lebens, las, dass die Erinnerung nachlässt, wenn man sich aufgibt, las und las – und ließ mich von kuriosen Formulierungen begeistern. Als eine Lehrerin mich wieder einmal ermahnte, besser aufzupassen, holte ich tief Luft und sagte möglichst würdevoll: »Was Sie sagen, ist nur ein Luftzug, der mir die Fersen kühlt.« Ich fuchtelte mit Kafka-Sätzen herum, ich probierte sie aus, irgendwie musste seine Sprache Einzug in meine Welt finden, darauf bestand ich. Kafka war fern, das begriff ich natürlich. Er musste vor langer Zeit gelebt haben, denn er benutzte altmodische Wörter wie »vortrefflich«. Es gab in seinen Texten noch jede Menge »Fräuleins«, während bei uns nur die Schwester des Pfarrers so genannt werden durfte: das Fräulein Pfarrer. Und doch! In meiner Welt, in der man putzte und wienerte, in der man auf Väter wartete, die mal kamen und mal nicht, war vieles genauso rätselhaft wie bei Herrn Kafka. Er verstand auch nicht! Nur hatte er für dieses Nicht-Verstehen – Geschichten erfunden. Fragen statt Antworten. Gute Rätsel statt einfacher Erklärungen. Es war das Gegenteil von Schule. Allmählich glaubte ich, mich auszukennen und mehr noch, den Herrn Kafka zu kennen. Es hätte mich nicht gewundert, wenn er eines Tages bei uns zum Kaffee erschienen wäre – abgesehen davon, dass bei uns niemand zum Kaffee kam, weil meine Mutter sich schämte und niemanden einlud. Ich stellte es mir dennoch oft vor – so, wie ich mir früher vorgestellt hatte, mit Winnetou auszureiten oder mit Tim und Struppi haarsträubende Kriminalfälle zu lösen. Ich fühlte mich mit den Romanfiguren befreundet – dabei wusste ich doch nur, was ihre Autoren über sie geschrieben hatten. Wieso glaubte ich nun allmählich, Herrn Kafka zu kennen? Ich wusste doch nur, was sein Autor über ihn geschrieben hatte. Dabei war Herr Kafka nicht einmal seine eigene Romanfigur. Und doch spürte ich oder glaubte zu wissen, dass alles, was Kafka schrieb, unmittelbar mit ihm selbst zu tun hätte – allerdings auf eine Weise, die vollkommen neu und ungewohnt war. Er verbarg sich und zeigte sich. Er überließ es mir, wie ich ihn las. Ich verstand, was es bedeutet, jemanden zu lesen. Ich fragte mich, ob es noch andere Schriftsteller gab, die auf diese Weise ein kunstvolles Spiel mit mir spielen wollten. Und was, wenn es keine anderen gäbe? Solche, die Kindern so viel zutrauten wie er? Solche, die derart aufregende Rätsel aufgaben? Kafka war kostbar. Ich beschloss, die Bände nach der Lektüre nicht einfach wieder in den gläsernen Rachen des Mahagonimonsters zu werfen. Freilich wagte ich auch nicht, die Bücher in meinem Kinderzimmer aufzubewahren – hier gab es nichts, was vor den Blicken meiner Mutter und den Griffen der Putzfrau sicher gewesen wäre. Aber das Monster selbst bot eine Lösung: Es hatte nicht nur einen ausgearbeiteten Sockel am Boden, sondern einen womöglich noch üppigeren oberen Abschluss mit einer handhohen Blende, die absonderliche Fantasie-Vögel an den beiden Seiten abschlossen. Dahinter konnte ich die gelesenen Bücher verbergen. Und was tun mit den Lücken? Ich tauschte die Kafka-Taschenbücher mit ihren weißen Rücken gegen andere, ähnlich aussehende Bücher aus der gegenüberliegenden Schrankwand aus. Kein Mensch würde das bemerken, so hoffte ich zumindest, hatte ich doch längst festgestellt, dass die Bücher im Prachtschrank offenbar nur ausgestellt, aber nicht gelesen wurden. Sie waren Zierrat, wie die Vasen, wie das Miniatur-Bügeleisen aus Silber, aus dessen Leib mithilfe einer winzigen Kurbel ein Zentimetermaß abgerollt werden konnte, das niemals gebraucht wurde. Ich zwinkerte dem Schrankmonster zu: Es war jetzt mein Verbündeter.

Eines Tages fiel mir ein anderer Band in die

Hände. Keiner, der mit einer dieser vertrauten Kinder-Krakel-Zeichnungen gelockt hätte; auf dem Cover war vielmehr das Foto einer jungen Frau zu sehen. »Briefe an Milena«, stand darauf. Das Foto war nicht schwarz-weiß, sondern eher schwarz-elfenbeinfarben, das Schwarz hatte einen deutlichen Blaustich. Unschlüssig holte ich das Buch in mein Zimmer, nachdem ich die Erzählungen artig wieder an ihren Platz gestellt hatte. Die Frau auf dem Buch war jung, ihr Gesicht dominierten riesige, dunkle Augen, und ein runder Hut rahmte Bild und Foto nach oben, während es nach unten von der Andeutung eines schwarzen Mantels oder einer schwarzen Jacke abgeschlossen wurde. Sie war ernst, also für mich – schön. Die meisten Menschen begannen sofort zu lächeln, wenn sie ein Kind erblickten. Sie knickten nach vorn ein und grinsten – lauter große Lächelautomaten, die es mir schwer machten zu sehen, was sie wirklich dachten. Diese Milena lächelte nicht. Sie schaute mich direkt an. Aber nicht mich, so viel war ja klar. Sie schaute den Fotografen an. Oder den, für den sie das Foto machen ließ. Hatte sie sich für Herrn Kafka fotografieren lassen? Und: Ging mich das etwas an? Wollte ich das wissen? In einem Foto lag so viel – Wirklichkeit. Diesmal versteckte ich das Buch unter meinem Pullover, als ich schnell zurück in mein Zimmer huschte, dabei war die Gefahr, entdeckt zu werden, nicht größer als sonst.

Ich drehte das Buch in meinen Händen. Ich wendete es um, damit Milena mich nicht weiter ansah. Ich las zum ersten Mal die Rückseite. Sie kam mir vor wie die Beipackzettel in den Valiumschachteln meiner Mutter, die sie regelmäßig auf dem Küchentisch vergaß und die ich mühsam entzifferte. Risiken, Unverträglichkeiten, Nebenwirkungen. »*Zu Beginn des Jahres 1920 hatte Franz Kafka Milena kennengelernt. Zwischen ihr und Kafka entstand eine sehr innige Freundschaft. Schon Kafkas Tagebücher haben uns die wirkliche Tiefe dieser Freundschaft gezeigt. Doch ahnen wir dort nur, was sich hier in diesen zum erstenmal veröffentlichten Briefen offenbart: ein Liebesroman, eine Orgie an Verzweiflung, Seligkeit, Selbstzerfleischung und Selbsterniedrigung.*« Puh, das war sehr viel »Selbst«! Aber es war zu spät. Ich brachte schon nicht mehr die Kraft auf, das Buch zurückzubringen.

Abends schlich ich mich zurück ins dunkle Wohnzimmer. Ich stieg auf den Sockel des Schrankmonsters und fingerte nach den Büchern, die ich hinter der Blende versteckt hatte. Ich wollte die anderen Kafka-Bücher holen, sozusagen zur Unterstützung, für mich, für Milena. Meine Finger berührten etwas Metallisches – ich stutzte. Vorsichtig holte ich einen Stuhl aus dem benachbarten Esszimmer und kletterte darauf. Hinter der Blende lagen meine Kafka-Bücher – es stand dort aber auch eine Dose mit Möbelpolitur, die offenbar die Zugehfrau hier deponiert hatte, vielleicht, um jederzeit, sozusagen im Vorübergehen, mal hier und mal dort zu sprühen und zu wischen. Ich war beunruhigt: Solange die Frau nur blind nach ihrer Dose angelte, war alles gut – was aber, wenn sie auf die Idee kam, hinter die Blende zu schauen? Ich fühlte mich nicht mehr sicher.
Es dauerte ein paar Tage, bis ich mich an die Lektüre des neuen Kafka-Buches wagte. Es fühlte sich anders an, es fühlte sich – unangemessen an. Als würde man einen Freund, den man gerade erst gewonnen hatte, in der Schule mit großem Tamtam umarmen. Freilich begann das

Buch dann harmlos. Erleichtert las ich, wie Herr Kafka vom Regen schrieb, von einer kleinen Fremde, die wohltue, und das klang so freundlich und nett, wie der Regen nun auch hier, so viele Jahre später, gegen die Scheiben des Kinderzimmerfensters prasselte: Bei diesem Wetter konnte man am besten lesen oder etwas schreiben, irgendwas. Ich liebte dieses Regenlesewetter, und der Herr Kafka liebte es wohl ebenfalls in seinem Domizil in Meran. Er entspannte sich, so schien es, keine Rede von seltsamen Richtern, Insekten oder Gefangenen. Zum ersten Mal las sich der Herr Kafka wie ein Zeitvertreib. Mein Aufatmen jedoch war verfrüht, wie schon der nächste Brief zeigte. Der Anfang war gut:
»Liebe Frau Milena ...« – So wie ich immer vom »Herrn Kafka« dachte und sprach, so schrieb Herr Kafka an seine Freundin. Weiter! »Von Prag schrieb ich Ihnen einen Zettel und dann von Meran. Antwort bekam ich keine. Nun waren ja die Zettel keiner besonders baldigen Antwort bedürftig und wenn Ihr Schweigen nichts anderes ist als ein Zeichen verhältnismäßigen Wohlbefindens, das sich ja oft in Abneigung gegenüber dem Schreiben ausdrückt, so bin ich

ganz zufrieden. Es ist aber auch möglich und deshalb schreibe ich, daß ich Sie in meinen Zetteln irgendwie verletzt habe …« Ich ließ das Buch sinken. O je! Diese Unsicherheit kannte ich nur zu gut. Von meiner Mutter. Wenn ich im Sommer am Mittag von der Schule nach Hause kam, sah ich sie oft schon von weitem im Garten hantieren. Sie musste ja nicht, wie mein Vater nicht ohne Stolz vermerkte, wie andere Frauen arbeiten gehen – stattdessen beschäftigte sie sich zu Hause. Zum Beispiel, indem sie, die Städterin, einen Garten anlegte. Einen Nutzgarten, der ihr und *dem Kind*, wie sie mich nannte, gesunde, vitaminreiche Nahrung geben sollte. Sie stand dann oft am Rand eines Beetes, das sie mit einer Wasserwaage und vielen Schnüren zur exakten Bemessung anzulegen pflegte, und hielt ein Buch in der Hand. Niemand hatte ihr beigebracht, wie man Bohnen zieht oder Möhren setzt, also stand sie mit ihrem Gartenhandbuch da, hatte die Handschuhe gar nicht erst abgelegt und versuchte, durch Pusten die störrischen Seiten umzublättern und sich zu informieren. Ob sie dabei konzentriert, gar ärgerlich oder nur stillvergnügt war, ließ sich aus der Ferne nicht unterscheiden. Es gab keine Wahl: Ich musste mich ihr nähern, sie als braves Kind begrüßen – und hoffen, dass sie guter Stimmung war. Wenn nein, war der Tag verloren, ich entkam ihr nicht – ihr und der schlechten Stimmung nicht, und meistens hatte diese schlechte Stimmung etwas mit mir zu tun, mit kleinen Versäumnissen oder Vergesslichkeiten, mit Missgeschicken, die die chronische Migräne meiner Mutter verschlimmerten, so dass sie irgendwann die Gartenhandschuhe doch abstreifte, um sich ins Haus zu begeben. Dort lag sie dann bei heruntergelassenen Jalousien in der Dunkelheit ihres Schlafzimmers und suchte Erholung – vor mir und der Welt. Ich war also darauf angewiesen, seismografisch zu erfassen, wie es ihr ging, ob ich womöglich etwas falsch gemacht hatte – und genau diese Unsicherheit las ich aus Herrn Kafkas Sätzen. Ich war irritiert. Herr Kafka war doch erwachsen? Ein Schriftsteller noch dazu? Und die Briefpartnerin, die er Frau Milena nannte – war sie nicht eine Freundin? Ich las weiter. Und erschrak: Mein Herr Kafka war offenbar krank. Sehr krank. Ich hatte keine Ahnung, was ein »Blutsturz« war, aber das konnte man sich denken. Über Lungenkranke sprach man in meiner Familie nur im Flüsterton: Es war noch nicht lange her, dass vor allem junge Leute sehr häufig an Lungentuberkulose gestorben waren. Es war beängstigend, es war gefährlich, und es war, schlimmer noch, ein Zeichen des Mangels, ein Zeichen von Armut! Beunruhigend fand ich zudem, wie Herr Kafka darüber schrieb, in irgendwie routiniertem Schrecken. Er schrieb wie jemand, der nichts zu verlieren hatte. Herr Kafka, den ich als Erfinder schöner Rätsel kennengelernt hatte, warf sich, so schien es mir, einer anderen Person rückhaltlos in die Arme. Ich las und las. Warum haben Sie kein Geld?, fragt Herr Kafka schon zu Beginn der Korrespondenz unbarmherzig. Woher kommt Ihre Fröhlichkeit? Zuversicht irritiert ihn, wenn er ihren Grund nicht erkennt – er hält es mehr mit der »Süßigkeit«, die in der Krankheit liege, und er versteht von den Schmerzen, die die Liebe anscheinend bereitet. Kafka meint, es sei unnütz, darüber nachzudenken: »Es ist so wie wenn man sich anstrengen wollte, einen einzigen Kessel in der Hölle zu zerschlagen, erstens gelingt es nicht und zweitens, wenn es gelingt, verbrennt man zwar in der glühenden Masse, die heraus-

fließt, aber die Hölle bleibt in ihrer ganzen Herrlichkeit bestehn.« Die Hölle in ihrer ganzen Herrlichkeit – ich war geschockt: War das die »innige Freundschaft«, die Herrn Kafka und Frau Milena verbunden hatte, wie es auf dem Buchrücken geheißen hatte? Wenn ja, so dachte ich, dann war das eine Freundschaft, wie sie ein rohes Stück Fleisch mit einem hungrigen Tier verbindet. Und doch »sich selbst ein wenig zu retten suchen« schien dem Herrn Kafka nicht völlig unmöglich: dann, wenn die Liebe wahrhaftig sei.
War sie das? Und was hätte das bedeutet? Ich fand in dem Buch keine Fährte – vor allem, weil die Antworten Milenas fehlten. Ich stellte mir vor, dass Milenas Briefe verlorengegangen waren oder besser: Sie hatte sie zurückgefordert. Das kannte ich aus der Schule. Hatte man jemandem einen Zettel zugesteckt, in dem die kleinste Zuneigung ausgedrückt war, so forderte man diese Nachricht harsch zurück, wenn man sich nur im mindestens unverstanden fühlte. Briefe schreiben war riskant. Briefe der Zuneigung zu schreiben war geradezu waghalsig. Ich bewunderte beide, Herrn Kafka und Frau Milena. Milena musste klug gewesen sein, klug und vorsichtig.

So stellte ich mir das vor. Kafka war mutig gewesen. Nur deshalb hatte er so schreiben können. Aber warum hatte Herr Kafka seine Briefe nicht zurückgefordert? Warum waren sie noch da, von jedermann einzusehen, jederzeit? Zum ersten Mal begann ich mich mit der Biografie meines Herrn Kafka zu beschäftigen und erschrak: Franz Kafka war nur 40 Jahre alt geworden. Er war tatsächlich an seiner Lungenkrankheit gestorben, von der in den Briefen so lässig die Rede war. Schriftsteller hatten in meiner Vorstellung uralt zu werden. Sie hatten lange Bärte zu tragen und in ledernen Ohrensesseln ihre letzten, ungemein klugen Bücher zu diktieren – und dann dieser Herr Kafka. Schmal. Heimatlos. In einer langweiligen Anstellung bei einer Versicherung ausharrend. Ein Leben lang leidend. Herders Universallexikon gab umfassend Auskunft. Die Tuberkulose, die ihn schon als Jugendlichen packt, nach der Lunge schließlich auch den Kehlkopf befällt, sodass er, der Dichter, nicht mehr sprechen kann. Ich betrachtete die drei Fotos von Kafka, die in den schmalen Spalten des Lexikons nur mühsam zu erkennen waren. Ich holte eine Lupe. Ich weinte. Ich konnte das Brie-

fe-Buch nicht zu Ende lesen, obwohl ich es noch einmal versuchte: Es ging mich nichts an. Kafka konnte sich nicht wehren!
Ich war zwölf Jahre alt und hatte keine Ahnung. Ich wusste nichts von der Existenz eines Franz Kafka zwischen zwei Welten: der alten, böhmisch-jüdischen und der modernen. Ich wusste nichts über die Literaturszene in Prag, die Welt der Sanatorien. Ich hatte noch nie den Namen Max Brod gehört, den Namen jenes Freundes, der Kafkas letztem Willen nicht entsprach und seine Werke nach dessen Tod eben nicht vernichtete. Am wenigsten wusste ich – und das noch über viele Jahre – von Milena Jesenská, Kafkas Liebe, einer Übersetzerin und Journalistin, die durchaus als Vorbild für mich hätte taugen können. Aber ich wusste nichts, weil es nichts zu wissen gab in jenen Jahren meiner Kindheit, den Jahren der wuchtigen Möbel, der Spiegel und der Möbelpolituren, in denen man das, was wenig zuvor geschehen war, vor allem vergessen wollte. Milena Jesenská, die jüdische Sozialistin und Reporterin aus Prag, starb im Konzentrationslager Ravensbrück, knapp zwanzig Jahre nach Kafka. Sie nannte Kafka »einen wissenden, von der Welt

erschreckten Menschen«, sie nannte ihn »scheu, ängstlich und gut«. Er habe, schrieb sie in ihrem Nachruf auf ihn, Bücher hinterlassen, die »grausam und schmerzhaft« seien. Auf sie wurde kein Nachruf geschrieben, ihre Reportagen und Feuilletons sind spät wiederentdeckt worden, ihre Briefe aus der Haft wurden erst vor ein paar Jahren gefunden. Briefe an die Tochter, an den Vater, nicht an Kafka.

Ich wusste nichts, aber ich spürte die Katastrophe, die hinter diesem Buch lag, sie beunruhigte mich, sie machte mich geradezu panisch: Wenn schon kein Freund und kein Vater den Herrn Kafka beschützt hatte, dachte ich, so wäre es jetzt an mir, das zu tun. Kafkas Liebe ging uns nichts an. In kindlicher Hybris überlegte ich, wie viele Exemplare der »Briefe an Milena« wohl verkauft worden waren. Hunderte? Tausende? Die würde man doch finden können? Ich rechnete und kam auf eine hohe Zahl, die aber gerade noch vorstellbar war. Entmutigt fiel mir im nächsten Moment ein, dass das Buch in verschiedene Sprachen übersetzt worden war, *Weltliteratur*, so stand es auf der Buchrückseite. Also gab es bestimmt viele englische Exemplare, aber auch französische – weil die Menschen in meiner Vorstellung dort sehr gern lasen. Was war mit anderen Sprachen? Ich rechnete und rechnete, ich zeichnete eine Tabelle. Ich legte einen Grundpreis von 4 Mark für die Bücher fest und multiplizierte angenommene Buchauflagen, in Tausendern. Das Ganze am Ende mal zwei, um einen Puffer zu haben. Es wuchsen Zahlen mit sechs Nullen am Ende, aber das schreckte mich nicht, denn in mir reifte ein Entschluss: Ich würde alle Exemplare, die es von Kafkas »Briefen an Milena« gab, aufkaufen. Alle. Auf der ganzen Welt. Ich würde zu einer Reisenden in Sachen Kafka werden. Dazu würde ich natürlich erst einmal viel Geld verdienen müssen, aber das war ein Problem, das ich morgen angehen würde. Ich würde alle Bücher in allen Buchhandlungen, Bibliotheken und schließlich auch bei Privatleuten suchen, finden, kaufen, um sie dann an einen sicheren Ort zu bringen und dort einzuschließen. Den Schlüssel würde ich wegwerfen oder stets um den Hals tragen. Ich würde dafür sorgen, dass Kafkas Liebe geschützt sein würde, für immer. Das wenigstens konnte ich tun, nachdem ich schon so viel gelesen hatte. Es klang für mich nach einem guten Plan.

Am Abend brachte ich Kafkas »Briefe an Milena« zu meinem Schrankblenden-Versteck. Ich stellte mich auf den Sockel, ich zog mich an der Oberkante ein wenig in die Höhe, schob das Buch über die Blende und gab ihm einen Schubs. Ich schaute nie mehr hinein.

Zwei Jahre später verloren meine Eltern erst ihren ohnehin brüchigen Zusammenhalt und dann das Haus. Wir zogen um. Möbelpacker kamen und bauten das Schrankmonster ab. Wortlos reichte mir meine Mutter die Kafka-Taschenbücher, die dort oben gelagert hatten. Sie waren beschmutzt, befleckt, sie rochen nach *Pronto*: Die Dose mit der Möbelpolitur hatte ein Leck, sie war ausgelaufen.

Die Bücher, die ich jetzt in Händen halte, sind abgegriffen, der Buchschnitt ist vergilbt. Franz Kafka, der Autor aus meinem Versteck, mein Herr Kafka, der Kinderbuchautor, riecht nach Putzzorn und Provinz, nach der Verzweiflung und dem Lesehunger in jenen merkwürdigen Jahren.

ULRIKE DRAESNER

Der Funke

Drei Stufen, nein, vier, fünf ging es hinauf, hinein in einen Erker mit langen alten Fenstern, wie ich sie von nirgendwoher kannte. Halb drehen, die nächsten Stufen und durch eine Holztür treten, nach rechts abbiegen, atmen. Ja, es riecht schon. Der Gang, grauer Boden, Steinfliesen, immer verschlossene Türen zur linken, weiter geradeaus, das Haus hat einen ersten Stock, ich weiß nicht, was sich dort befindet, es interessiert mich nicht.

Ich bin sieben Jahre alt, vielleicht noch sechs. Das Haus ist riesig, ich bin allein unterwegs, ein unsicheres und schüchternes Kind, das in der Schule den Mund nicht aufbekommt, niemals. Lange blonde Zöpfe, Rock, kratzige Wollstrümpfe, Anorak. Zwanzig Minuten bin ich quer durch den Ort gegangen, in dem mein Elternhaus steht. Noch nicht alle Straßen sind an den Abwasserkanal angeschlossen, nicht alle asphaltiert. Es gibt einen Fluss, gebirgig-kalt, eine Durchgangsstraße, auf der die tropfenden Lastwagen Kies aus der Grube abfahren. Voralpenland, Schotterfeld. Der Weg in das Haus mit Aufgang und Erker, die einzige Villa weit und breit, ist mir vertraut, ist er doch fast identisch mit meinem Schulweg. Schule, Polizei, Rathaus und Bibliothek sitzen eng beieinander, Bildung und Ordnung bilden ein Rechteck, und hinter ihm rauscht der Fluss. Gegenüber der Bibliothek, auf der anderen Seite der großen Straße, die ich nur an der Ampel überqueren darf, jedoch liegt »der Funke«. Oder hieß er nur Funk? Er verkauft Stifte, Papier, Hefte, Plastikumschläge für Hefte, Patronen, Minidinosaurier und Riesenbarbies. Sein Laden ist lang und niedrig, dunkel und voller Regale voller kleiner Dinge. Der Mann, der zumindest in meiner Erinnerung der Papierfunk oder Papierfunke heißt, dröhnt, wenn er spricht, doch er hat Kindergeduld. Bei ihm riecht es fast noch besser als in der Bibliothek. Aus ihrem erhöhten Erdgeschoss, das vielleicht einmal eine Beletage war (auf dieses Wort werde ich in einem der Bibliotheksbücher stoßen, wo sonst), kann man auf den Funke-Laden sehen und vom Schreiben träumen. Des Öfteren stehe ich dort am Fenster, neben dem Kinderregal.

Das Deutsche kommt mir sehr lustig vor mit seinen zusammengesetzten Wörtern. »Kinderregal« zum Beispiel.
Ein Kinderregal ist ein Regal für Kinder, das versteht sich leicht. Aber es könnte auch ein Regal mit Kindern sein, also Kinder enthalten, die im Regal zum Kauf angeboten werden wie Radiergummis und Papier. Auf Kindern schreibt die Welt. Weil dem so ist, ich meine, mit dem Schreiben und den zusammengesetzten Wörtern, steckt im »für« in diesen Fällen auch ein »mit«. Was bedeutet, dass, wenn man etwa als Kind ans Kinderregal tritt und ein Buch herausnimmt, in diesem Buch auch Kinder stecken – so wie man selbst, und man im Austausch vermutlich selbst ein bisschen in das Regal gerät.
Unsichtbar. Aber wirklich.
All dies gefällt mir sehr.
Die Glastür am Ende des Ganges steht offen, schwimmendes, gräuliches Licht, ich bin niedrig, aber schon höher als der Schreibtisch, an dem mich die Bibliothekarin empfängt. In meiner Erinnerung eine gesichtslose Frau, die aus einer Kopfkontur, einem Oberkörper und Händen besteht. Sie macht mir immer etwas Angst, sie ist

eine Erwachsene, die mich bewacht. Oft bin ich in der Bibliothek allein mit ihr, allein vor dem mir zugewiesenen Regal, das weit über meinen Kopf nach oben reicht, bis an die Decke (nun ja, fast), und mindestens dreimal so lang ist wie ich mit weit ausgespannten Armen. Es gibt größere Regale in der Bibliothek, ich weiß durchaus, was möglich ist, doch fürs Erste genügt mir die alphabetische Welt an der Kinderwand vollauf.
Die Leihbibliothek ist kein selbstverständlicher Ort. Nicht jeder Mensch geht dort hinein. Und nicht jeder Mensch, die hineingeht, darf auch ein Buch mitnehmen. Der Jahresbeitrag für mich beträgt eine D-Mark. Ich weiß das noch so genau, weil es mich einiges gekostet hat, meine Mutter davon zu überzeugen, so viel Geld auszugeben.
Meine Eltern hatten ein Haus gebaut. Häuserbauen war die Wunderwelt meines Architekten-Vaters. Mir gefiel sie ebenfalls, aber sie war sehr teuer. Unser Haus roch neu nach Ziegeln und Klebstoff. Es hatte Zimmer, in denen kein einziges Möbelstück stand. Meine Eltern hatten Schulden statt Geld. Wenn es um Taschengeld ging, sagte mein Vater »Geld will es dunkel«, damit meinte er, dass es in seiner Hosentasche bleiben

wollte. Aber griff man in die Tasche, war sie leer, und das mit der Dunkelheit des Geldes sagte er auch, wenn es um Lebensmitteleinkäufe und Geschenke ging. Dass meine Mutter an der Eine-DM-Front nachgab, war, wie sie mehrfach betonte, nur meinem »Gebenze« geschuldet. Der Duden behauptet, »benzen« bedeute »inständig bitten«, bayrisch, österreichisch, mundartlich. »Das Gebenze« allerdings hieß, daran kann kein Zweifel bestehen, »du nervst«.

Ich hatte mir mein Buchglück also durch Reden, Trotz und Fußmarsch gründlich erarbeitet, ja, verdient, und daher nicht vor, mir auch nur das kleinste Stück davon entgehen zu lassen. Die Regalwand nahm ich von Anfang an als Buchseite ernst. Sprich: Ich las, was in diesem Regal stand, von links oben nach rechts unten »zeilenweise«, also regalbrettweise, durch. Die Buchstaben der »Regalseite« bestanden aus – noch mehr Buchstaben.

Ist das kein Wunder?

Da standen sie, Rücken an Rücken, mit Titeln, die mal von oben nach unten, mal von unten nach oben zu lesen waren. In jedem Fall verdrehte man sich den Hals. Es gab eine Ordnung, alphabetisch nach Autor:in, um die die Bibliothekarin sich kümmern musste, wenn ich ein Buch, was heißt eines, die maximale Anzahl von Büchern vor ihr auf den Tisch legte. Aus meiner Sicht war es einfach nur praktisch, dass die Bände einer Serie wie *Die drei ???* und *Fünf Freunde* zusammenstanden. Da hatte man sich im ersten Band an eine Welt gewöhnt – und konnte gleich in ihr bleiben.

Mit Hilfe dieser Serien kam ich einer verwunderlichen, doch zugleich auch ganz selbstverständlichen Sache auf die Spur: Jedes Buch enthielt andere Bücher.

Wenn man darüber nachdenkt, erkennt man, dass es so sein muss. Wie sollte man sonst wissen, wie, sagen wir, ein Gedicht oder ein Roman zu schreiben oder zu verstehen wäre? Der neue Text stammt aus Leben und Lesen, also auch aus anderen Gedichten und Erzählungen. Hie und da baut man sie ein, verweist auf sie, lässt die Figuren und allemal die Ideen und Worte anderer Menschen weiterleben. Als Kind dachte ich keinen einzigen dieser Gedanken *in so many words*. Ich erinnere mich nur an ein Gefühl: Ich werde beschenkt.

Eine Buchseite war »eigentlich« ein Blatt Papier, also flach. Doch sie enthielt Welten. So ging es, dieses »Lesen«.
Welt um Welt öffnete sich.
Das war sehr erstaunlich.
Unsichtbar für andere, unhörbar, unspektakulär und für eine D-Mark im Jahr geschah es wieder und wieder inmitten der wahrlich nicht riesigen, dörflichen Kinderwelt.
In der eine Fahrt »in die Stadt« etwas war, das genau geplant wurde, denn es war teuer und die Stadt fremd.
Die Buchwelten, die ich erfuhr, veränderten die Welt, in der ich lebte. Sie gaben ihr Form und Profil. Sie machten sie eng und weiteten sie zugleich. Was paradox klingt, stimmt doch: Ich wurde dank der Bücher ein weiterer Mensch. Eine, die mehr wahrnahm, besser hörte, roch, sah, denken und verbinden konnte als zuvor. Die Welt wuchs in mir.
Da sitzt die Bibliothekarin wieder und liest. Gegenüber verkauft mir Herr Funk oder Funke keine Puppe, doch Papier und einen Füllfederhalter. Und einen Bleistift. Und einen Radiergummi. Und ein Lineal. Und mehr Papier. Wir sind ver-

bündet, die Bibliothekarin gehört dazu, sie liest und liest. Währenddessen »gehe ich vergessen«, übe unsichtbar sein. In der Wunderwelt der Bücher hat man einen Körper, der sich zum Schatten macht. Leicht wird er und schlüpft hinüber in die Reiche der Erfindung. So leicht, dass man sich selbst und die leibliche Verankerung vergisst – ich, da, auf dem Boden, vor dem Regal, bin in Wirklichkeit unterwegs im England der Enid Blyton, in Bullerbü, über und unter dem Meer.
Um Weltweite geht es. Menschen-, Zeit- und Ortsabenteuer. Um Schöpfung und Reichtum. Bis mir auf einmal heiß wird vor Angst. Wenn ich so weitermache, werden mir noch als Kind die Bücher ausgehen. So eine Wand-Buchseite in einer Bibliothek in einem Dorf in der analogen Welt ist sehr deutlich begrenzt.
Zum Glück führte die Bibliothek nach rechts weiter in einen der Erwachsenenräume. Für Kinder verboten, doch als meine Regalseite ausgelesen war, wanderte ich im Vertrauen auf die Leseversunkenheit der Bibliothekarin einfach hinüber. Neben der Tür begann ich nach dem bewährten Verfahren wieder links oben mit der Lektüre (so weit ich, mit Hilfe eines Schemels, hinaufkam).

Ich war inzwischen etwas älter, zehn vielleicht, trotzdem waren mir diese langen russischen Namen in den Romanen von Dostojewskij und Tolstoj zu kompliziert. Ich ließ sie kurzerhand weg. Diffus erinnere ich mich an einen Herrn Raskolnikow, dessen Probleme ich nicht verstand. Das war bei Anna Karenina viel besser, auch der Name war mir sofort sympathisch. Am Ende rettete mich, dass ich die Möglichkeit entdeckte, gelesene Bücher wiederzulesen. Und auf Neuzugänge zu hoffen.

So kam es, dass ich jahrelang zwischen der Bibliothek und meinem Zuhause hin- und herrannte wie ein kleines Buchshuttle. In der Bibliothek las ich auf dem Boden an, was ich mitnehmen wollte, packte den Schulranzen voll, trug den Schatz in meine Höhle am anderen Ende des Ortes, wo der Fluss Chemieschaum aufstülpte, um wenige Tage später zurück zu »meiner Villa« zu laufen und so weiter.
Vermutlich hatte es mit diesem kindlichen Unterwegssein als Buchtransporter zu tun, dass ich mich so freute, als man mir während meines Studiums in Oxford erklärte, wie der Ausleih-

service der damals noch nicht digitalisierten Literatur funktionierte. Die zahlreichen Colleges der Universitätsstadt habe je eigene, zum Teil großartige Bibliotheken in fast noch großartigeren, altehrwürdigen Räumlichkeiten zu bieten. Zugig, holzig, stilvoll. Meine Lieblingsbibliothek allerdings ist, in der Mitte der alten Stadt gelegen, die Bodleian Library, kurz, achtungsvoll und vertraut »the Bod« genannt. Wie »the body«, versteht sich: der Buchkörper schlechthin, Eigentum der Universität, eine der ältesten Bibliotheken Europas, mit prächtigen Lesesälen zum Teil noch aus dem 15. Jahrhundert. Ein Buchkörper, in dem man unter gemalten Sternenhimmeln sitzt, eingebunden in die Musik von Mikro- und Makrokosmos, die sich umeinander drehen, fast hört man es.

Tatsächlich besteht die Bod aus zahlreichen Gebäuden, sogenannten Sub- und Spezialbibliotheken, die wie die Fruchtkörper eines Pilzes auf dem alten Wissensmyzel der ersten mittelalterlichen Buchsammlungen wachsen. In der von James Gibbs in der Mitte des 18. Jahrhunderts als naturwissenschaftliche Bibliothek entworfenen Radcliffe Camera, die mit ihren rundum gezogenen Eingängen und Fenstern an ein Insektenauge oder tatsächlich an eine vieläugige Kamera erinnert, holt man bestellte Bücher ab oder geht selbst durch Archivbestände. Handapparate für moderne Sprachen findet man in der Taylorian, Luftlinie vielleicht 200 Meter vom Hauptgebäude der Bodleian entfernt; auch bestellte Bücher kann man sich dorthin liefern lassen. Und eben davon will ich erzählen: Wie kommen die Bücher der Bod zu den inzwischen über die gesamte Stadt verteilten Ausgabestationen? Früher wurde der Transfer zwischen den verschiedenen Öffnungen des verzweigten Archivs durch Boten erledigt, die zu Fuß unterwegs waren. Später ging man dazu über, Fahrräder und Kutschen zu beladen, erste motorisierte Fahrzeuge kamen zum Einsatz. Doch Oxford ist eng, eine mittelalterliche Stadt – durch eines der Colleges läuft bis heute ein Teil der einstigen Stadtmauer –, mit Gässchen eher denn Straßen. Bald drohte der Buchverkehr allen anderen Verkehr unmöglich zu machen, so dass man ein unterirdisches Tunnelsystem entwarf, mit Förderbändern bzw. -wägelchen, die in den einzelnen Bibliotheksgebäuden von Hand bestückt und abgeschickt und am Zielort wieder entladen wurden. Heute ist das Be- und Entladen vermutlich vollkommen automatisiert, doch das Fördersystem an sich besteht weiter. Denn nicht alles wird digital gelesen.

Die gesamte Stadt muss man sich als von Buchtunneln unterhöhlt vorstellen. Kreuzungen, Zufahrten, Verzweigungen – ein eigenes Straßennetz des Wissens und der Erfindungen, Tag und Nacht in Bewegung, unter der Oberfläche der versiegelten Straßen, unter Gärten und Baumwurzeln, Mauern aus dem 10. Jahrhundert, der Harry-Potter-Eiche in einem der Höfe von New College, neben elektrischen Leitungen und dem Abwassersystem der Stadt.

Was für ein Gegurgel.

Und welche Beruhigung für jemanden wie mich.

Nie werden mir die Bücher ausgehen. Ich muss nur an Oxford denken, um das geradezu körperlich zu wissen. Wie sie dort hin- und hergleiten, Bücher auf Bändern, Bände in Körben, einer am anderen, jeder ein kleines Buchshuttle. Tag und Nacht zu Lesern und Leserinnen unterwegs.

Was mich an einen Kommilitonen erinnert. Irgendwann Anfang der 90er Jahre stand ich mit ihm im Treppenhaus des Germanistischen Instituts in München. Er hatte eben zu BWL als Nebenfach gewechselt. Aus Frust! Weil ihm klargeworden war, dass er nie im Leben alle Bücher würde lesen können. Nicht einmal die auf Deutsch geschriebenen.

Ich blickte ihn erstaunt an. Da hatten wir das Gleiche erkannt – und zogen so unterschiedliche Konsequenzen daraus. Ich empfand eine tiefe Dankbarkeit. Nie mehr würde ich Angst haben vor dem Ende eines Regals. Die Welt der Bücher war größer, umfassender und zeitloser als ich.

Die Bücher hatten keine Bedeutung X oder Y. Sie waren Bedeutung.

Ich würde sterben. Aber sie würden weiterexistieren.

RÜDIGER GÖRNER

Drei erste Lesezeichen

I

Was immer er schrieb, dachte er sich als von Blinden gelesen. Denn zu seinen prägenden Kindheitseindrücken gehörte ein Besuch in einer Blindenschule. Dort hatte er wie auch bei späteren Gelegenheiten die Gesichter der Blinden beobachtet, wenn ihre Finger tastend lasen. Die Gesichtszüge vieler schienen dabei zu spielen, Lippen zu zucken, wobei die toten Augen geradeaus ins Leere, Unbestimmte gerichtet blieben. Aber waren diese Augen wirklich tot? Manche schienen in den Augenhöhlen zu rollen, manche knapp davor, aus ihnen zu kullern; andere blieben wie fixiert, stillgestellt, matt, ausdruckslos, wie Murmeln, die nur darauf warteten, dass man mit ihnen spiele; wieder andere hatte eine schlierige Schicht überzogen, so meinte er. Obgleich ihm doch etwas unheimlich war, diese Blindenschüler zu beobachten, gruselig war das Wort, auch wenn er selbst es auszusprechen sich verbot,

blieb er mit vielen Mitschülern sehenden Auges wie gebannt, ja, er ertappte sich dabei, ebenso starr die leblos wirkenden Augen der Blindenschüler zu fixieren, wie diese offenbar waren, auch wenn sie leicht oder wie im Krampf rollten.
Aber es waren die Finger, ihr tastendes Lesen, die ihn von den blickleeren Augen ablenkten. Die Oberschwester mit weitem weißem Kragen und ausladender Haube, die offenbar diese Blindenschule leitete, hatte ihm und seinen Kameraden erklärt, was Punktschrift ist: Punkte in verschiedener Zahl und Anordnung für jeden Buchstaben; und diese gelehrigen Finger konnten auf diese Weise buchstabieren.
Nach diesem ersten und zwei weiteren Besuchen, die seine Lehrerin für die dritte Grundschulklasse organisiert hatte, kam es vor, dass er mit seinem Zeigefinger auch dem gedruckten Schriftbild in seinen Büchern nachfuhr, wobei seine Fingerkuppe auf hervorgehobene Punkte, die seine Lehrerin »erhaben« und »fühlbar« nannte, hoffte. Ja, die Finger kamen ihm wie selbständig vor, wie im Wettstreit mit seinen Augen. Sie läsen anders, meinte er; nur wie anders, konnte er nicht sagen.

Er bewunderte die Hände der Blinden, und zuweilen wandte er seine Hände um, betrachtete ihre Innenseite und mit ihr die Fingerkuppen. Im Vergleich mit den sehenden Fingern kamen ihm seine kümmerlich vor, ungebildet.
Irgendwann schnappte er den Satz auf: Man liest, bis man versteht. In seiner Schwarzwälder Dorfschule favorisierte man eine Lernmethode, die andernorts als verschroben galt. Aber seine Lehrerin, jung, fahrig, die etwas knochig, kantig, eben mager aussah, aber nicht knöchern schien, schon gar nicht hölzern, eher elastisch in ihren Bewegungen, verlangte das Beschreiben einzelner Buchstaben. So wurde im Unterricht das kleine T ein ›umgekehrter Hakenstecken mit Krawättchen‹, das S war eine sich aufbäumende Schlange, das V glich zwei Schenkeln und das W war ein Doppelspitztal, das P ein Stamm mit umgebogenem Ast. Damit glichen diese Buchstaben der anderen Blindenschrift, die seine Lehrerin ihnen ausführlich erklärte, die Reliefschrift, die dem Moon-Alphabet folgte. Er glaubte, dass diese Blindenschrift etwas mit dem Mond zu tun haben müsse; denn so viel Englisch kannte jeder. Vielleicht verhielt es sich ja auch so, dass die

Blinden bei Mondlicht doch etwas sehen, dachte er, etwas Milchiges, so wie an Taubheit Leidende oft eine Art Geräuschnebel in sich rauschen hören, wie er von seiner Mutter erfahren hatte. Sie musste es wissen, da sie in Gehördingen kundig war. Sein Vater wiederum kannte sich mit dem Morsealphabet aus. Kam er mit dem Auto nach Hause, hupte er der Mutter vor der Einfahrt in die Garage ein Erkennungszeichen nach dem Morsecode: kurz, kurz, (Pause) kurz, lang, lang, kurz. Seine ganze Kindheit über hatte er sich gefragt, was das wohl bedeute. Etwas Liebes, hatte seine Mutter einmal wie nebenbei gesagt, als sie bemerkte, wie er diesem Signal nachlauschte. Das würden Blinde bestimmt auch verstehen; denn ihre Punktschrift, das waren doch auch kleine gestanzte Signale für gelehrige Finger.

Vermutlich war es auch so, befand der Kleine, dass deren Fingerkuppen dann auch die Klaviertasten lesen konnten und die Saiten der Geige. Was verdankten wir nicht alles den Fingerkuppen, dachte er oft. Und dem Fingerabdruck erst, der seinerseits gelesen sein wollte, seine Linien, die verlässlich nur die seinen waren. Jetzt, da er

dies schreibt, entsperrt die Fingerkuppe sogar sein digitales Schreibgerät, bevor die zehn Fingerkuppen über die Tastatur huschen und Wörter fabrizieren, über das Lesen, über die Erinnerung an die Blindenschule in Heiligenbronn, an die damals so junge, so fahrige Lehrerin, die jetzt womöglich in einem Altersheim gepflegt wird, und die Oberschwester mit ihrer weißen Haube, die flügelgleich wirkte und sie jederzeit fortzutragen schien. Und wie wäre es bestellt um die damalige Schülerschaft der Blindenklasse?
Er wusste nicht mehr, seit wann er das Wort ›ich‹, wenn er mit der Hand schrieb, nur noch in Punktschrift wiedergab.

II

Morgen, Kleiner, sagte die Tante, beginnt hier die Weinlese. Er hatte bis dahin dieses Wort noch nie gehört, denn wo er herkam, gab es zwar Heidelbeeren und Sauerampfer in Mengen, aber keine Trauben. Frühmorgens schon sei der ganze Ort auf den Beinen, meinte sie mit leicht erregter Stimme. Vielleicht gebe es sogar schon den ersten Raureif des Jahres, der sich dann über die Weinberge lege wie ein feines glitzerndes Tuch. Sie hörte diesem Wortbild nach, und der Kleine wunderte sich, dass sie plötzlich so versonnen wirkte.

Was es mit diesem Lesen so alles auf sich hatte, dachte der Kleine, der hier bei entfernten Verwandten zu Besuch war. Aschenputtel, das wusste er, hatte auch ganz anders lesen müssen als er, nämlich Erbsen, aber das hieß dann: *ver*lesen.

Lesen war also nicht gleich lesen und schon gar nicht Lese, wie er tags darauf erfahren sollte. Schon bei Sonnenaufgang hatten sich die Weinbauern des Ortes mit ihren Familien zu ihren Weinbergen aufgemacht. Er ließ den Raureif, der sich tatsächlich auf geheimnisvolle Weise über Nacht gebildet hatte, glitzern. Da standen am Fuß steiler Hänge schon zahllose Bottiche, in die erste Weinleser ihre Tragekübel leerten. Mit einer Rebenschere waren sie zugange, Weinstock um Weinstock prüfend auf Reife der Trauben, wie man dem Kleinen jetzt eher wortkarg erklärte. Sie lasen also die Reben, lasen in ihnen; vielleicht lasen sie ja auch in den Mustern des bunten Weinlaubs. Wahrscheinlich verbargen sich darin

Geschichten, so wollte es dem Kleinen vorkommen.
Er fand, im Weinlaub lasse sich wirklich lesen wie in einem Bilderbuch. Denn er erkannte darin Gesichter, blätterte im Laub weiter; da fanden sich ihm unbekannte Figuren in allen Schattierungen von Rot und Gelb gemalt.
Wieder zu Hause erzählte er von der Weinlese, wie es die Tante ihm erklärt hatte. Seine Mutter schlug ihm vor, aufzuschreiben, was er da erlebt hatte. So wurden aus der Weinlese Buchstaben, seine Wörter, krakelig geschrieben zwar, aber ihrerseits doch wieder und wieder lesbar. Auf diese Weise hörte die Weinlese nicht auf.

III

Mutters Herkunft aus der Nibelungenstadt bewirkte, dass ich mit dem Nibelungenlied aufwuchs, nicht lesend zunächst, sondern singend, in höchsten Tönen trällernd, und zwar Mutters Paarreimen entlang, in die sie die Episoden dieses Epos, die ihr am wichtigsten erschienen, leicht fasslich aufbereitet und mit einer Melodie versehen hatte, die sie mir vorsang, bis ich in sie einzustimmen lernte, auf meinem Schaukelpferd reitend und dabei mir und mich als Siegfried vorstellend. So lernte ich singend lesen. Und träumen; denn als ich später ihre Paarreime lesen konnte, blieb ich oft an dem einen oder anderen hängen, las ihn wieder und wieder und geriet dabei ins Träumen, träumte ihn weiter. Die Vorstellung vom hinterrücks von Hagen beim Trinken an einer Odenwaldquelle erdolchten Siegfried verursachte mir Fieberträume; jene von der »sanft-herben« Kriemhild sandte mich in Träume, in denen ich mich in ihr langes, wie der Rhein wellendes Haar kuschelte, das dann jenem von Rapunzel glich. Aber das Verspaar: ›Jung Siegfried ritt von seines Vaters Burg herab,/Granes Hufe zertraten ihm den Wanderstab‹ hatten es mir angetan; denn der Wanderstab musste ja dann durch Schwert Baldung ersetzt werden. Alle Dinge hatten einen Namen, wurden so mir zu etwas Menschlichem. Stab reimte sich auf Grab und Baldung auf Nahrung, so war das mit den Reimen: sie verbanden. Wenn aber Grane ihm den Wanderstab nicht zertreten und womöglich gescheut hätte, weil sie, die Stute, ihn, den Stab, für eine Schlange gehalten und Siegfried abgeworfen hätte, dann hätte Siegfried kein Schwert gebraucht und wäre an der Odenwaldquelle nicht zu Tode gekommen, so reimte ich mir ein paar Jahre später eine Gegengeschichte zusammen, als ich längst auf Schreiben und Lesen angewiesen und über das Schaukelpferdalter hinausgewachsen war, obwohl ich mich doch immer wieder einmal, ganz verstohlen, darauf setzte, bis unter meiner Last dann die beiden Hinterbeine Granes brachen. Ähnlich erging es mir dann mit dem Dreirad, als ich schon dabei war, die Zeichen der Zeit lesen zu lernen.

NADJA MAYER

Masthähnchen und Pumpenschlumpf

Für E. und G.

Meine Entzifferung der Welt begann im Badezimmer. Die Haken für die Handtücher unserer kleinen Familie waren mit unseren Initialen – große Lettern aus blauer d-c-fix-Klebefolie – versehen, so dass ich die Buchstaben G, E und N täglich mehrfach vor Augen hatte. Und schon bald entdeckte ich, dass draußen in der Welt sehr viele Dinge genau wie unsere Namen mit diesen Buchstaben begannen: *Einbahnstraße*, *Gaststätte*, *Nibelungenallee*. *Nudeln*, *Grapefruit*, *Eier*. *Gillette*, *Nivea*, *Ernte 23*. Wohin wir auch kamen, entdeckte ich Wörter, die ich in Windeseile entzifferte. Schon bald konnte ich lesen – lange bevor ich schreiben lernte. Laut lesend ging ich fortan durch die Welt und hatte rasch ein stattliches Vokabular zusammen aus Wörtern, die mit G, E oder N begannen. Kurz darauf war ich auch bei Kombinationen angelangt: *Großer Feldberg*, *Einfahrt freihalten*, *Nicht springen*. Die Welt wurde lesbar und das war herrlich. Ich hatte das Gefühl, dass mit jedem Wort das Bild schärfer und meine Umgebung klarer wurde. Als würde ein Licht, nein: als würden viele kleine Lichter angehen, die mich sehen und verstehen ließen. Eigentlich – so fühlte es sich für mich an – war nur existent, was auch benannt werden konnte. Und je mehr ich las, desto vollständiger wurde die Welt um mich herum. Die Wörter waren der Rohstoff, aus dem alles bestand. Begriff und Begreifen hingen für mich untrennbar zusammen. Wie von selbst gesellten sich zu G, E und N nach und nach all die anderen Buchstaben des Alphabets, und ich erweiterte mein Vokabular um Wörter, die ich zum Beispiel in unserer Wohnung fand. *Liebknecht* etwa. Oder *Telefunken, Braun, Dual. Pfeffer, Salz, Olivenöl. Jazz, Picasso, Beatles.* Ich legte Listen an. Und da ich noch nicht schreiben konnte, sagte ich sie mir regelmäßig vor dem Einschlafen auf. Mal sortierte ich die Wörter nach ihrem Anfangsbuchstaben. Dann wieder suchte ich nach anderen Gemeinsamkeiten. Zum Beispiel Wörter, die mit Essen zu tun hatten, solche, die technische Geräte bezeichneten, oder Wörter, in denen ein Ei vorkam: *Weihnachten*, Seife, *Ameise*, *Bleistift*.

Nicht alles verstand ich sofort. *Stegreif* zum Beispiel. Das Wort stand in einem Buch mit Zaubertricks. Ich schwankte, ob ich es als *Steh Greif* lesen sollte und das H vielleicht im Zusammenschluss der beiden Begriffe irgendwie verloren gegangen war. Oder ob es eigentlich *Steg Reif* hieß. Unter Letzterem konnte ich mir gar nichts vorstellen, darum beschloss ich, es mir so zu erklären: Man greift aus dem Stand – also stehend – nach etwas. Zum Beispiel nach einer Idee oder einer Sache. Das Wort kam interessanterweise über mehrere Jahrzehnte in meinem Leben gar nicht mehr vor. Erst als ich Dozentin an der Hochschule wurde, war es wieder da. Und es hat noch immer etwas leicht Rätselhaftes, obwohl ich inzwischen weiß, dass es etwas mit dem Steigbügel beim Reiten zu tun hat und so viel bedeutet wie: etwas aus dem Stand tun, ohne sich großartig vorzubereiten. So gesehen war meine kindliche Deutung gar nicht so falsch. Dann *Masthähnchen*. Wenn wir sonntags nach einer ausgiebigen Wanderung in einem Landgasthof einkehrten, entschied ich mich regelmäßig für Hähnchen mit Pommes frites. Sonntags durfte ich mir dazu sogar eine Cola bestellen. Häufig war auf den Speisekarten *Masthähnchen* zu lesen. Ich vermutete, dass dies ein Hähnchen war, das man vorher, statt es im Stall zu halten, an einen Mast band, an dem es hoch oben mit einer ausreichend langen Leine herumflatterte, damit es stark und kräftig werden konnte. Ganz wohl war mir dabei nicht, und ich mochte mir nicht vorstellen, an welchem Körperteil die Schnur befestigt war, an der das arme Hähnchen seine Runden um den Mast drehte, nur damit es uns Menschen noch besser schmeckte.

Dann begann die Zeit von *Pippi Langstrumpf*, *Wir Kinder aus Bullerbü*, von *Fünf Freunde* und *Hanni und Nanni*. Später las ich auch alle Bände von *Die drei ???*. Hier kam relativ häufig das Wort *Recherchen* vor. Ich brauchte Jahre, um zu begreifen, dass dies nicht »kleine Rechnung« bedeutete. Ich hatte das Wort immer deutsch gelesen und mir vorgestellt: junge Leute schreiben Recherchen, Erwachsene schreiben Rechnungen.

Die Wörter begleiteten mich wie Verbündete und schon bald fing ich an, Vorlieben zu entwickeln. Wörter, deren Klang oder Assoziation ich besonders mochte. Eine Zeitlang war *Pumpenschlumpf* mein absoluter Favorit. Ich schnappte das Wort auf, als Handwerker im Keller unseres Mehrfamilienhauses fachsimpelten. *Pumpenschlumpf.* Das klang lustig, aber gleichzeitig auch ein wenig geheimnisvoll. Als ich mein neues Wissen – in unserem Keller sitzt ein *Pumpenschlumpf*, der sehr wichtig ist, damit es nicht zu Überschwemmungen kommt – beim Abendbrot mit meinen Eltern teilte, stieß ich nur auf ungläubiges Lachen. Jahre später, ich hatte den *Pumpenschlumpf* längst vergessen, erfuhr ich, dass es *Pumpensumpf* heißt. Aber die Sache mit den Überschwemmungen stimmte. Auch *Kaffeeklatsch* gefiel mir gut. Da saßen in meiner Fantasie viele rundliche Damen um einen Tisch im Café und klatschten vor Vergnügen über die köstlichen Torten und das gemütliche Beisammensein in die Hände. Außerdem gab es Wörter mit Geschmack: *Roller* etwa oder *Kieselstein. Roller* schmeckte rostig und *Kieselstein* nach Gemüsesuppe. Manche Wörter hatten auch eine Farbe.

Donnerstage waren gelb – und sind es bis heute –, *Hickelkreis* war rosa. Und es gab Wörter, die beides hatten, Farbe und Geschmack: So war *Autobahnausfahrt* grau und schmeckte nach Minze. Und Wörter konnten auch geheime Kräfte entwickeln und regelrechte Glücksbringer werden. Beispielsweise *Biskaya*. Der Klang war wunderschön und rätselhaft. Ich verstand nicht recht, ob es sich dabei um einen Wind, eine Wolkenformation oder, denn es hieß ja *die Biskaya*, vielleicht sogar um eine Göttin – eine Wettergöttin? – handelte. So oder so: Das Wort wurde für eine kurze Zeit ausgesprochen wichtig für mich. Mein erster Freund plante eine Geburtstagsparty im Ferienhaus seiner Eltern, das nicht nur einen Swimmingpool, sondern auch einen verwunschenen Garten hatte. Die Party sollte aber nur stattfinden, wenn es nicht regnete. Es war Mai, der Himmel war blau, und die Sonne wärmte uns schon den Rücken. Doch ab Christi Himmelfahrt kam eine Kaltfront auf, es regnete immer wieder und die Party musste verschoben werden. Ich war verzweifelt, denn auf dieser Party, so hoffte ich, sollte ich meinen ersten Kuss bekommen. Mehrmals täglich hing ich am Radio und verfolgte die Vorhersagen, um daraus eine Prognose für Party und Kuss abzuleiten. Ich deutete meteorologische Begriffe wie *Tiefausläufer*, *Temperatursturz* und *Azorenhoch* und setzte all meine Hoffnung auf die *Biskaya*. Durch die unsichere Ausgangslage bekam das Ganze mittlerweile eine geradezu existentielle Bedeutung für mich und schon bald verband mich eine Hassliebe zum Wetter, das einerseits der Garant für meinen ersten Kuss sein konnte, aber gleichzeitig zu seiner Verhinderung beitrug. Es war verhext. Der Regen hielt sich weiter hartnäckig. Die Party wurde erneut verschoben und damit auch der erste Kuss. Ich war unfassbar unglücklich, versprach ich mir doch vom ersten Kuss nichts Geringeres als eine Verwandlung, als einen Übergang in einen anderen Seinszustand. Ich würde – so meine Überzeugung – nach diesem Kuss eine andere sein. Und noch heute ist für mich das Wort *Biskaya* auf geheime Weise mit *Küssen* verbunden.

Ein anderes Mal – ein neuer Fernsehapparat sollte angeschafft werden – schlug meine Mutter vor, sich vorab bei *Stift und Warentest* zu informieren. Klar: Die Waren wurden getestet, und damit man sich das Ergebnis auch merken konnte, musste man es sich notieren. Deshalb der Stift. Auch die drei *Muskeltiere* konnte ich mir logisch erschließen – drei starke Männer, die sich dank Muskelkraft gegen feindliche Ritter zur Wehr setzten. Und da ich selbst *Linkshändlerin* bin, schien mir auch das sonnenklar: Ich handelte und handle noch heute mit der linken, nicht mit der rechten Hand. Das L im Wort habe ich erst sehr spät abgelegt.

An einem grauen Sonntag, es war zu kalt für den Park und noch zu früh für *Bonanza*, stöberte ich im Bücherregal meiner Eltern und entdeckte zwischen einem Buch von Ror Wolf (konnte man tatsächlich so heißen?) und Peter Handkes *Die Angst des Tormanns beim Elfmeter* (ließ sich darüber wirklich so viel schreiben?) ein handliches Buch mit rotem Leineneinband. Es hieß *Das kluge Buch*, erschienen 1953 im Verlag Sebastian Lux. Den Buchdeckel zierte ein kleines, ovales Emblem, in dessen Mitte eine stilisierte Eule saß. Die erste Seite versprach »Wissen, Zahlen, Tatsachen, Mensch, Leben und Welt«. Vorsichtig begann ich zu blättern. Das erste Kapitel handelte vom menschlichen Körper. Ich erfuhr, wie lange die Zellteilung dauert – etwa eine halbe Stunde –, dass unsere Luft beim Ausatmen 79,58 % Stickstoff enthielt, während sie beim Einatmen nur 79,02 % davon enthielt, und dass das menschliche Skelett aus 222 Knochen besteht. Hier irritierte mich der Zusatz *Durchschnitt.* Waren wir denn nicht alle gleich gebaut? Gab es Menschen mit mehr als 222 Knochen? Oder weniger? Wer zählte das? Wo saßen die Knochen, die zu viel waren? Und wo fehlten andere? Ich war beunruhigt. Nachdem ich mich noch mit der Körpertemperatur und der Zahl der Schweißdrüsen befasste, ging ich zur Astronomie über. »In der Lücke zwischen Mars und Jupiter«, stand dort, »wurde am 1. Januar 1801 ein neuer Planet entdeckt, der sich als einer von vielen kleinen Planeten erwies, die in dieser Lücke um die Sonne kreisen.« Das Planetensystem, das zuvor in meiner Vorstellung etwas Entrücktes, Fernes und Hochkomplexes war, bekam durch diese Beschreibung etwas wunderbar Normales, beinahe Vertrautes: Es hatte Lücken! Genau wie wir, wenn uns die Milchzähne ausfielen. Gierig blätterte ich vor und zurück und entdeckte immer wieder spannende Themen. Ich prägte mir die Flugbilder von Raubvögeln ein und die ersten acht Stellen nach dem Komma von π. Ich lernte die Windstärken von Windstille – nichts regt sich – bis Orkan – Verwüstungen – auswendig und studierte den Brut- und Trächtigkeitskalender von Tieren in der Landwirtschaft. Monatelang las ich immer wieder in diesem kleinen roten Buch mit seinen 488 Dünndruckseiten. Es war eine schier unerschöpfliche Quelle und beinahe wöchentlich änderte sich damit auch mein Berufswunsch. Mal wollte ich Astronomin werden und das Sonnensystem erforschen – vielleicht gab es dort weitere Lücken zu entdecken, dann wieder – das mit der Anzahl der Knochen beschäftigte mich noch immer – hielt ich Ärztin für den passenden Beruf. Wenig später erwog ich, mich als Biologin auf Flechten zu spezialisieren. Jede Flechte, so war im Buch zu lesen, ist ein Doppelwesen, das aus einem Pilz und einer Alge besteht. Wie aufregend! In der folgenden Woche war mir wiederum klar: Ich würde Meteorologin werden. Neben Wolkenformationen mit so wunderbaren Namen wie *Stratokumulus* und *Zirrostratus* und der Geschwindigkeit von Regentropfen – sie treffen mit 670 Zentimetern pro Sekunde auf die Erde – war hier vermutlich auch die Sache mit dem ersten Kuss noch immer ausschlaggebend. Und schließlich tat ich beim Abendessen kund, Maurerin sei ein Beruf, der mich begeistern könnte. Ich unterstrich dies mit meinem frisch erworbenen Wissen über Mauerstein-Normformate (es gab neben dem *Deutschen Normalziegel* noch das *Alte Münchner Format*, das *Klosterformat*, das *Oldenburger* und das *Kieler Format*) und über Kolossalbauten, von denen das Empire State Building in New York mit 449 Metern damals der höchste war.

Zwei Dinge löste dieses kleine Buch mit dem roten Leineneinband bei mir aus. Zum einen stellte ich fest, dass alles, wirklich alles interessant ist und es sich lohnt zu verstehen, wie etwas funktioniert und warum. Dies ist eine Überzeugung, die mich bis heute begleitet. Die Kraftübertragung beim Fahrrad ist für mich genauso interessant wie das Prinzip der Photosynthese oder die Zubereitung einer marokkanischen Tajine. Den Unterschied zwischen Reihen-, V- und

Boxermotor finde ich ebenso wissenswert wie die Besonderheiten der Konjugation im Französischen. Ich kann Backbord und Steuerbord auseinanderhalten und kenne die Abseitsregel im Fußball. Ich kann eine romanische von einer gotischen Kirche unterscheiden, mich für die Fibonacci-Folge begeistern und weiß, dass ein Saxofon wegen seines Mundstücks ein Holz- und kein Blechblasinstrument ist. Das kleine rote Buch hat mich mit der Welt vertraut gemacht und meinen Horizont vom Kinderzimmer aus bis zum Südpol erweitert. Zum anderen entfachte das Buch in mir eine schier unfassbare Lust auf mehr, ein regelrechtes Fernweh nach Zukunft. Ich spürte, dass ich erst ganz am Anfang war, und freute mich darauf, die Welt noch genauer zu erkunden, Dinge zu entdecken und Zusammenhänge zu verstehen. Auf dass bald alles um mich herum hell und klar wurde. Manchmal konnte ich vor lauter Vorfreude und Aufregung nicht schlafen. Dann malte ich mir aus, wie ich in fremden Ländern Gesteinsproben nehmen würde, wie ich die Geschichte historischer Gebäude erkunden oder am Meeresgrund neue Erkenntnisse über Korallen gewinnen würde. Ich stellte mir vor, wie ich ein großes Orchester dirigierte, Gedichte schrieb, die in zwanzig Sprachen übersetzt werden würden, und eine Maschine konstruierte, die das Falten von T-Shirts übernahm. Ich würde Gebäude von nie dagewesener Gestalt bauen, Lücken im Planetensystem entdecken und neue Schriften entwerfen. Ziemlich weit hinten im Buch gab es fremdsprachige Ausdrücke und Redewendungen auf Englisch, Französisch und Latein. Dies schien mir die perfekte Vorbereitung auf die Zukunft zu sein. Ich lernte *common sense* und *gentleman's agreement*, *qui s'excuse s'accuse*, *pro forma*, *tabula rasa* und *status quo*. Beim Englischen und Französischen haperte es noch ein wenig mit der Aussprache, aber ich blieb dran.

Nach etwa einem halben Jahr, in dem *Das kluge Buch* mir die Welt für immer eröffnete, entdeckte ich in der städtischen Bücherei unweit der Kinder- und Jugendbücher ein Regal, das ich bis dahin schlicht übersehen hatte. Hier standen die Sachbücher. Es war wie mein kleines rotes Buch, nur eben verteilt auf viele Bücher. Großartig! Hier konnte ich mein Abenteuer also fortsetzen. Ich begann bei A wie Astronomie, fühlte mich dabei wegen der Sache mit der Lücke im Planetensystem schon ein wenig als Expertin, und würde mich Woche für Woche bis Z wie Zoologie durchlesen. In einem Buch über Philosophie war vom Dualismus die Rede. Ich musste an unseren Plattenspieler von *Dual* denken und stellte mir vor, dass Dualismus etwas ist, das mit der Saphirnadel des Plattenspielers erzeugt wird und letztendlich mit der Stereophonie an sich zu tun hat. Das Kuriose ist, dass diese Bilder, die sich beim ersten Begreifen einer Sache einstellen, nie mehr verschwinden – selbst wenn man das Ganze gründlich missverstanden hat. Als wir uns Jahre später im Philosophiestudium mit Descartes' Meditationen beschäftigten, musste ich immer an unseren Plattenspieler denken. So wie das Küssen auf ewig mit der *Biskaya* verbunden ist, das arme *Masthähnchen* in meiner Vorstellung noch immer in schwindelerregender Höhe an einem Seil herumflattert und der *Pumpenschlumpf* im Verborgenen dafür sorgt, dass es nicht zu Überschwemmungen kommt.

Das Lesen war längst zu einer elementaren Tätigkeit wie Atmen oder Essen für mich geworden. Und der Hunger nach Welt und Wissen, nach Erkunden und Verstehen hat mich sogar einmal zur Diebin gemacht. Ich war mit einer Freundin spontan und mitten im Semester nach Florenz getrampt. Beim hastigen Packen der Reisetasche vergaß ich, ein Buch einzustecken. Als ich an der Kasse der italienischen Buchhandlung mit Elias Canettis *Die Fackel im Ohr* auf Deutsch erwischt wurde – ich war unerfahren genug in solchen Dingen, um die ins Buch lose eingelegte Chipkarte nicht zu entfernen –, schaute der Kassierer ungläubig auf die 500 Lire in meinem Portemonnaie, das ich ihm wie zum Beweis – ich musste stehlen, ich habe ja kein Geld – unter die Nase hielt, dann auf den Canetti und warf mich schließlich aus der Buchhandlung. Ohne mir jedoch das Buch abzunehmen. Für 500 Lire bekam man damals nicht mal mehr einen Espresso.

Ich lese auch heute noch alles, was mir unter die Finger kommt. Ich lese Daniel Kehlmanns Romane mit derselben Begeisterung wie die philosophischen Essays von Byung-Chul Han oder die Krimis von Simone Buchholz. Ich lese vor dem Einschlafen Kochrezepte, den *Spiegel* oder Gedichte von Albert Ostermaier. Eine Zeitlang war der Katalog von *Manufactum* meine liebste Bettlektüre. Aber ich lese auch die Packungstexte von Haferflocken, das Kleingedruckte auf Cremetiegeln und die Zettel, die an Laternen oder Ampeln kleben. Ich lese den Einkaufszettel, den jemand im Einkaufswagen hat liegen lassen, das beiläufige Gekritzel auf einem Bierdeckel und das Graffito an der Häuserwand. Neulich fand ich einen Zettel auf einem Sitz in der U-Bahn, herausgerissen aus einem linierten Block: *Es ist egal, aber* stand dort. Ohne Punkt am Ende. Und an der Seite: *M. anrufen.* Wäre das nicht ein wunderbarer Anfang für eine kleine philosophische Abhandlung über Vergeblichkeit und Zuversicht? Oder der Stoff für eine Kurzgeschichte über eine Frau, die beschließt, allen Widrigkeiten zum Trotz noch einmal alles ganz anders zu machen in ihrem Leben? Die Welt, so meine feste Überzeugung, will gelesen werden. Immer. Und überall.

ROOT LEEB
Höhenflüge

Sie ist nicht mehr ganz jung, gerade so alt, dass sie sich nicht mehr das Letzte abverlangen will, etwas soll noch übrigbleiben, denkt sie. Wofür oder was das »etwas« sein soll, weiß sie nicht genau. Das wird sich zeigen.

Die Helligkeit des ersten Tageslichts verspricht einen schönen Tag. Sie liebt Morgenspaziergänge über alles, und da sie in einem Teil der Stadt lebt, wo man durch einen langgezogenen Park mit altem Baumbestand direkt ins Umland gelangt und da unendlich weit in die Ferne laufen kann, springt sie aus dem Bett, isst nur schnell eine Kleinigkeit, zieht sich feste Schuhe an und läuft aus dem Haus, einfach los. Sie will keine Begleitung, weder Mensch noch Hund, nur ihre Gedanken oder ihr Nichts im Kopf, das ihr manchmal am allerliebsten ist.

Vielleicht, denkt sie, wird etwas Neues hineinspazieren.

Es ist noch sehr früh, das Licht noch fast weiß, aber schon mit blauer Verheißung, schimmert

durch die Bäume und nur ganz wenige Menschen sind im Park, schlaftrunkene Frauen und Männer mit Hunden, die vor der Arbeit noch schnell ausgeführt werden, um sich zu entleeren. Auch sportliche Gestalten, oft in grell leuchtenden Farben, laufen und springen vorüber, manche dehnen und verrenken sich am Rand des Weges, sehen aus wie animierte bunte Wegweiser.
Sie geht an allem vorbei und einfach vor sich hin.
Es dauert eine Weile, bis Geräusche in ihr ankommen, Gezwitscher, Gekrächze, Gesang und einzelne Flötentöne verschiedener Vögel, dazu das Rascheln von Amseln oder Mäusen am Boden und das Rauschen des Windes in den Ästen von Ahorn, Akazien und Hainbuchen. Sie breitet die Arme aus und atmet glücklich ein. Die Gerüche sind jetzt auch da, der noch feuchte Boden mit dem würzigen Erdgeruch. In der Nähe von Lärchen und Eichen meint sie den Wald zu schmecken, vor allem an Stellen, wo die Bäume etwas dichter stehen.
Sie geht immer weiter, denkt froh, wie gut, dass sie etwas zu essen und trinken in ihren Rucksack gepackt hat, es wird ihr also an nichts mangeln,

selbst, wenn sie den ganzen Tag unterwegs sein sollte.
Ihre Gedanken laufen hüpfend und sich überschlagend in ihr mit, über die Bäume denkt sie nach und über ihr Leben, auch ihr eigenes. Ob Bäume wissen, fragt sie sich, dass sie womöglich als Boten von Buchstaben ausgewählt werden, dass ihnen zu den Geschichten, die sie schon in sich tragen, ja sie ist überzeugt, alle Bäume haben ihre eigenen inneren Geschichten, sie sehen ja so vieles und je älter sie werden umso mehr, dass ihnen also zusätzlich die Texte und Geschichten von Menschen aufgedruckt bekommen? Und dass sie dafür zuvor ihr Leben lassen müssen?
Manchmal muss sie den Kopf schütteln, um ihre Gedanken zu entwirren. Sie ist wieder bei ihrem eigenen Leben angekommen. Erinnerungen fliegen vor ihr her, Sätze, die sie gelesen hat, Geschichten, die sie meint erlebt zu haben, aber sich dessen nicht ganz sicher ist. Dafür braucht sie immer die Hilfe von anderen, ihrem Mann oder ihren Freundinnen (die Kinder sind längst aus dem Haus und über alle Berge, sogar Erdteile verstreut), die sind ein gutes Korrektiv. Wenn sie

ihnen Erinnertes erzählt, bekommt sie sofort ein Echo, erfährt, ob es sich um real Erlebtes oder Beschriebenes und daher Gelesenes handelt. Manchmal, bei besonders phantasievollen und anregenden Begebenheiten, ist sie enttäuscht, dass sie das nur gelesen und nicht wirklich erlebt hat. Natürlich hat sie keine Beweise, die hätte sie gerne, aber sie gehört nun einmal nicht zu den Menschen, die alles fotografisch oder filmisch festhalten und dokumentieren.
Und der Hinweis ihrer Freundin Phoebe, sie solle doch froh sein, einmal Aufgeschriebenes sei doch immer wieder abrufbar und bleibe unverändert, während sich Erinnerungen an Erlebtes nicht nur von Mensch zu Mensch, sondern auch zu verschiedenen Zeiten unterscheiden. Das kenne doch jeder, wenn bei Erzählungen von gemeinsam Erlebtem später jeder seine ganz eigene Variation für die einzig Richtige hält. Nein, meint auch Lars, ihr Mann, das Geschriebene, und noch besser, das Gedruckte hätte doch eine ganz andere Objektivität, man könne diese Geschichten lieben oder nicht lieben, auf jeden Fall blieben sie für immer in genau der aufgezeichneten Form verfügbar.

All das geht ihr jetzt durch den Kopf.
Nachdem sie eine gute Weile gelaufen, längst aus der Stadt heraus und von allem entfernt ist, was sie in irgendeiner Weise an ihrem Leben festhält, sieht sie plötzlich ein helles, ja weißes Flirren um sich. Wäre es kälter, würde sie glauben, es seien Schneeflocken, nur größer, etwas, das sich vor ihr dreht und wirbelt und in die Höhe fliegt. Es wirkt sehr verlockend, vor allem das Glitzern, sie sieht Zeichen, die sie nichts Bekanntem zuordnen kann, so schnell ändern sie ihre Form und Gestalt.
Kurz wird wie durch einen Nebel die Umgebung verschleiert, das Licht ändert sich, wird blaugrau wie Rauch, nimmt ihr die Sicht.
Noch bevor sie sich das Phänomen erklären kann, wird es wieder hell und strahlend weiß, erneut beginnt das Umschweben, Umringen und Umtanzen. Es wirkt verführerisch. Manche der kleinen Formen sehen jetzt aus wie Hieroglyphen, andere wie römische Ziffern oder Buchstaben des lateinischen, arabischen oder griechischen Alphabets. Auch keltische Runenzeichen meint sie zu erkennen. Genau kann sie das nicht unterscheiden, zu schnell zieht alles vorbei, bis ihre Augen

sich auf etwas konzentrieren können, ist es schon wieder verändert.
Manche der Zeichen haben Haken, Rundungen und Schlaufen, andere spitze Giebeldächer, wieder andere sind nur waagrecht fliegende Striche, die sich je nach Windrichtung in einem bestimmten Winkel heben, biegen, sich aneinanderschmiegen …
Als die Wolke sich ihr schmeichelnd nähert, ja, sie auffordernd umarmt, greift sie kurz entschlossen nach einem direkt vor ihr schwebenden Halbrund, das auf der einen Seite eine hoch in die Luft gezogene Verlängerung wie ein Seil mit sich zieht. Es ist ein nach oben offenes, senkrecht auslaufendes Zeichen, das ins schier Unendliche steigt und sie sofort mit in die Höhe nimmt. Nicht ruckartig, sondern eher sanft ziehend und dabei doch schwungvoll. Sie überlässt sich, ja genießt es, fühlt sich wie in einem Riesenrad und sieht keinen Anlass zu erschrecken.
Aber dann ist sie so hoch, dass ihr ein wenig schwindelig wird und sie sich vorsichtig nach einer Möglichkeit umsieht, ihren Griff loszulassen, ohne abzustürzen. Doch jetzt scheint alles, was sich in der Luft befindet, schnell herbeizu-

wirbeln, um sie zu stützen, sie zu sichern. Sie fühlt sich wie von einem Teppich aufgenommen, oder ist es doch eher ein bedrucktes Blatt, mit all diesen Zeichen, die sich langsam alle in eine Ebene ordnen? Sie lässt sich fallen, kommt zum Liegen und versucht, die in ihrer Nähe befindlichen Buchstaben, ja jetzt ist sie ganz sicher, dass es sich um solche handelt, zu entziffern, sie in einen Zusammenhang zu setzen, vielleicht ist es der Anfang einer Geschichte, fragt sie sich gerade hoffnungsvoll, als »*Im Anfang war das Wort*« plötzlich deutlich erkennbar vor ihr liegt. Ja, das kennt sie, und nein, die Bibel will sie jetzt eigentlich nicht lesen, denkt sie gerade, als *Kan Ya Ma Kan…* vorbeifliegt. Das versteht sie nicht. Dann folgen in schneller Reihenfolge *Es war einmal… Once upon a Time there was…, Il était une fois un grand arbre…*, und *Über die Milde habe ich mir vorgenommen zu schreiben….*
Ach, so viel Interessantes gibt es hier, so Wundersames zu entdecken. Sie denkt zurück an ihre Kindheit und die Schätze lange vergessener Geschichten. An unzählige Werke, die sie später gelesen hat. Und die lebenslange Sehnsucht nach genau diesem hier. Wie dankbar ist sie, dass sie

offensichtlich nicht zurückgewiesen wird. Im Gegenteil, alle Hieroglyphen, Buchstaben, Runen und auch die anderen Zeichen verhaken, verflechten, durchmischen sich in einem immer schneller drehenden Wirbel und es entsteht eine Art Gewebe, fast wie eine Hängematte.
In die kriecht sie hinein, streckt sich und will sich erst einmal ausruhen. Sie fühlt sich willkommen. Und sie hat ja Zeit.

DORETTE DEUTSCH

Marco Polo war hier

An verregneten Tagen, wenn sanfter Nebel über den Kanälen hing, lauschte Elisa auf das Geräusch der Regentropfen, das sich mit den weichen, wohltuenden Worten aus ihren Lieblingsbüchern zu einer Melodie des Wohlbefindens mischte. Sie mochte es, wenn der Regen an die Scheiben prasselte, leise, dann laut und wieder leise, so, als wollte er den Sätzen aus den Büchern einen besonderen Rhythmus aufdrücken.
Gespannt hörte sie auf die Glocke von *San Giobbe* und legte ihr Buch zur Seite: Es war zwölf Uhr, und wieder hatten sie die Seiten so gefesselt, dass die Zeit wie im Flug vergangen war. Früher, in ihrer Jugend, waren es in *Cannaregio* ausschließlich die Kirchglocken, von *San Giobbe*, *San Geremia* und *Sant' Alvise*, die den Tag unterteilten. Man hörte sie morgens, wenn der Tag begann, dann um 12, wenn die alten Frauen ihr Gebet sprachen und wieder nach Hause eilten, und zuletzt um 18 Uhr, wenn schützende Dämmerung über der Stadt lag.

Etwas unruhig wartete Elisa auf ihre Tochter Kira, die sich offensichtlich verspätet hatte. In der *Lista di Spagna* war ein Wasserrohr gebrochen und hatte Geschäfte und Straße unter Wasser gesetzt, ein Desaster! Dieses Mal war also nicht das Hochwasser schuld. Elisa hatte es zum Glück rechtzeitig im Radio gehört, bevor sie sich Sorgen machte. Kira brachte ihr gelegentlich den Einkauf vorbei und musste also heute wegen des Schadens einen Umweg gehen. Vielleicht sollte sie selbst wieder einmal ausgehen, bevor sie nur noch in der Gesellschaft ihrer Bücher lebte. Früher war sie häufig durch die Stadt flaniert, immer auf der Suche nach Eindrücken, Bildern und Geräuschen. Heute suchte sie die Begegnungen nur noch in ihren Büchern. Aus den Geräuschen von draußen und den Sätzen und Buchstaben der gelesenen Seiten entstanden die Bilder in Elisas Kopf, die sie jeden Tag neu in ferne Welten versetzten. Manchmal kam es ihr vor, als hätten nicht nur die Wörter, sondern sogar die Buchstaben ein Eigenleben und würden sich in ihrem Kopf zu einem fantastischen bunten Reigen verbinden.
An diesem Vormittag war Elisa wieder einmal in

die Erinnerungen Marco Polos eingetaucht. Sein Reisebericht *Il Milione* war eines ihrer Lieblingsbücher und Marco Polo ihr heimlicher Held. Denn es war Marco Polo, der als erster Seidenstoffe und Gewürze aus Asien nach Venedig gebracht hatte. Manche taten seinen Bericht als Märchensammlung ab. Schon möglich, denn er hatte seine Geschichte ja aus der Erinnerung in Genueser Gefangenschaft diktiert, vielleicht erinnerte er sich manchmal selbst nicht mehr so genau. Aber Elisa suchte sich aus den Büchern immer das heraus, was ihre Fantasie am meisten anregte. Gerade stellte sie sich vor, wie Marco Polo im fernen China den Glasmeistern begegnet war. Marco Polo, der den Vornamen des Stadtheiligen von Venedig trug, war so weit gereist wie kaum ein Venezianer vor ihm und hatte die fremde Welt mit großer Präzision beschrieben. Manchmal hätte sie sich gewünscht, in seine Geschichte hineinzuspringen und in eine andere Zeit versetzt zu sein oder gar mit seinen Augen die Welt zu sehen.

Mit Bedauern hatte Elisa in den letzten Jahren erlebt, wie sich Venedig verändert hatte. Manchmal kam es ihr vor, als würde die Stadt bald unter der Achtlosigkeit der Menschen zusammenbrechen: Nicht, dass die Paläste untergingen, diesen Unsinn hatte sie auch schon gehört; die Stadt riskierte, zur leblosen Museumsstadt zu werden, wo die anderen, die Fremden, ihrem zweifelhaften Vergnügen nachgingen. Auch deshalb las sie lieber, wie es hier früher einmal war, ihre Lieblingsbücher waren beste Zeugnisse davon. Schließlich war die Stadt im Wasser aus einem tiefen Bewusstsein für das Gemeinwohl entstanden, denn nur aus dem Zusammenspiel aller, Handwerker, Fischer, Bootsbauer und Händler, konnte diese einmalige Stadt funktionieren. Elisa fand, dass man das heute noch spürte. Sie erinnerte sich, wie in ihrer Jugend die Frauen draußen vor den Häusern Perlen auffädelten, wie die Fischer ihren Fang in den Kanälen säuberten und wie sie selbst im Kanal vor ihrer Haustür schwimmen gelernt hatte. Dann kam eine Zeit, als ihre Nachbarin jeden Abend um zehn das Fenster öffnete und den Abfall in den Kanal warf: plop! Vielleicht war das der Anfang vom Ende. Sie legte ihr Buch zur Seite und sah hinaus. Das Geräusch der Regentropfen war schwächer geworden, sodass jetzt wieder das Geschnatter der

Möwen zu hören war. An beiden Seiten des Kanals ankerten Boote, geschützt von bunten Plastikplanen, in denen sich das Regenwasser staute. Auf alten Fotos waren noch die eleganten Gondeln mit ihren *felze,* den schützenden Kabinen, zu sehen! Heute war vieles zu offensichtlich und fast banal. Elisa tauchte lieber in die Welt Marco Polos ein und erinnerte sich, wie sich die Luft ohne die Abgase von dreißigtausend Motorbooten anfühlte.
Schließlich kam Kira, ihre umtriebige Tochter, die immer besonders streng mit ihr war. »Die Mutter von Marta hat sich neu verliebt! Sie ist 72, er ist fünf Jahre älter. Marta sagt, sie sehen sich unentwegt in die Augen und halten Händchen!« Elisa lachte, obwohl es, wie immer bei Regen, ein besonders melancholischer Tag war. »Es freut mich für die beiden, aber ist es nicht ein bisschen lächerlich, mit über siebzig die jung Verliebten zu spielen?« »Für dich vielleicht, für die beiden nicht, und für mich auch nicht.« Elisa suchte kurz nach Argumenten, weil ihr sehr am Wohlwollen ihrer strengen Tochter gelegen war. »Ich fühle mich ganz wohl in meinem Leben, und die Welt ist doch schön, weil es so viele verschiedene

Entwürfe gibt. Meine Liebe gilt nun mal den Büchern. Wenn ich einen Partner hätte, könnte ich weniger Zeit mit Lesen verbringen.« Kira sah das überhaupt nicht so. »Also, wir wissen ja beide, dass der Tag 24 Stunden hat. Acht Stunden zum Schlafen – in deinem Alter schläfst du bestimmt noch weniger –, vier zum Lesen und den Rest zum Leben.« Elisa wusste, dass sie gegen Kiras Argumente keine Chance hatte. »Tu mir den Gefallen und geh einfach mal aus. Du kannst ja in die Markusbibliothek gehen!« »O ja, das ist eine gute Idee!« »Übrigens, in *San Francesco della Vigna* werden gerade Bücher aussortiert. Ich habe ein paar Gedichtbände darunter gefunden, Ezra Pound und so. Geh doch mal vorbei, dann triffst du erstens Leute und kannst zweitens für Nachschub sorgen. Und nimm dein *carello* mit, damit du die hundert Bücher transportieren kannst.« Etwas ratlos sah Elisa ihrer Tochter hinterher, die bereits am Gartentor stand. Sie musste zugeben, dass der Vorschlag, die alte, nach Pergament riechende Bibliothek zu besuchen und Fra' Giacomo zu treffen, ziemlich verlockend war. Und wenn es da noch neue Bücher gab …

Sobald sie die erste Brücke Richtung *Fondamente nove* überquert hatte, kam ihr die Luft wohltuend und erfrischend vor. Zugegeben, auch Bücher hatten einen speziellen Duft, aber die Stadt sah nach dem Regen wie reingewaschen aus. Sie sah an den Hausfassaden hoch und versuchte, einen Blick durch die Fenster zu erhaschen. Manchmal erstaunte es sie, dass die Häuser in Venedig noch genauso aussahen wie zu Zeiten Marco Polos. Elisa stellte sich vor, dass sich das Leben der Menschen vor derselben Fassade und in denselben Räumen abspielte wie vor Hunderten von Jahren, obwohl sich die übrige Welt doch so grundlegend verändert hatte.
Jedenfalls, Marco Polo hatte Ende des 13. Jahrhunderts dieselben Palazzi gesehen und in ihnen gelebt wie die heutigen Venezianer, und das war es, was Elisa an ihrer Heimatstadt am meisten faszinierte. Wahrscheinlich hatte er süße *baicoli* und *baccalà mantecato* aus salzigem Stockfisch verspeist. Dass sie sich manchmal die gleichen Gerichte wie die Personen aus den Büchern zubereitete, erzählte sie lieber niemandem.
Signora, per favore, faccia attenzione! Der Mann hatte es eher besorgt als ärgerlich, mit zusam-

mengepressten Lippen, ausgerufen, als Elisa, in Gedanken versunken, mitten auf der Brücke vor dem *Ospedale civile* fast mit ihm zusammengestoßen wäre. Erschrocken zuckte sie zusammen und entschuldigte sich, während der Fremde eilig die letzten Stufen nahm und Richtung Anlegestelle *Fondamente nove* eilte. Als Elisa auf der Mitte der Brücke angekommen war, bemerkte sie auf dem Boden eine rote Glasperle mit goldenen Streifen, die ihr direkt vor die Füße gerollt war. Im selben Augenblick hörte der Regen auf, und ein winziger Sonnenstrahl traf auf die kleine Perle, als würden sich alle Farben des Himmels, der Sonne und des Mondes in ihr spiegeln. Vorsichtig hob Elisa die Perle auf und drehte sie zwischen den Fingern. Die Oberfläche fühlte sich kühl und glatt an, so als wäre der Glanz unter ihre Haut gedrungen. Auf dem roten Untergrund zeichneten sich feinste geometrische Linien ab, die sich durch das Sonnenlicht in farbige, bewegliche Wellen verwandelten. Elisa erinnerte sich an die Gemälde Tizians und Tintorettos, auf deren Bildern die schönen Venezianerinnen Ketten aus genau solchen Perlen trugen.

Als sie sich umdrehte, sah sie gerade noch, wie

der Fremde das *vaporetto* Richtung San Michele bestieg. Merkwürdig, dieser schwarze, wehende Umhang, wie ihn einst die Edelleute und reichen Kaufleute trugen, was in Venedig meist auf dasselbe hinauslief. Für einen Augenblick hatte sie Angst, jedes Zeitgefühl verloren zu haben: Es war doch nicht etwa Karneval?
Plötzlich kamen ihr viele Menschen entgegen, allein oder in Gruppen, manche elegant, andere in Freizeitkleidung mit Regenumhängen. Fast alle hatten ihr Handy dabei, auf das sie unentwegt sahen. Sie hielten nur ab und zu an, um ein Bauwerk zu fotografieren, von dem sie vielleicht gelesen hatten. Was sie nur in Venedig suchten, wunderte sich Elisa. Oder hatten sie darüber gelesen, waren neugierig auf die Stadt mit ihren Kanälen und wollten wissen, ob die Realität wirklich so war. Also doch: Das zuvor Gelesene bestimmte das später Erlebte, und sie nahm sich vor, beim nächsten Regen darüber nachzudenken. Denn wirklich nachdenken konnte sie nur bei Regen und Nebel. Ihr wurde ein bisschen schwindelig, ob all der Gedanken, die zu groß für einen einzigen Tag waren.
Sie atmete auf, als sie endlich vor dem Kloster

von *San Francesca della Vigna* stand. Verwundert schaute sie sich um. Die umliegenden Gebäude waren längst zur Filmkulisse geworden, die Menschen hatten vor nichts mehr Respekt. Beim ersten Klingeln öffnete Fra' Giacomo selbst. »Elisa, wie schön, Sie wiederzusehen!« Im Eingangsraum roch es nach vergilbtem Papier, frischem Kaffee und Bohnerwachs. Am liebsten hätte Elisa sich in diesen Geruch eingehüllt und die Außenwelt nie wieder betreten. Zum Glück kannte fast niemand diese Bibliothek, die eines der letzten Geheimnisse Venedigs war. Fra' Giacomo hütete sie wie seinen Augapfel; nur er wusste, welche Schätze hier verborgen waren. Die wertvollen Bibliotheken aller aufgegebenen Klöster aus dem Veneto hatten hier einen angemessenen Aufbewahrungsort gefunden. Denn manche Klöster hatte bereits Napoleon während seiner kurzen Herrschaft Ende des 18. Jahrhunderts geschlossen, andere hatten schlichtweg Nachwuchsprobleme und schlossen ihre Tore für immer. Nicht auszudenken, was ohne San Francesco mit all den wertvollen Büchern passiert wäre!
»Wie geht es Ihnen?«, erkundigte sich Elisa mitfühlend. »Na ja. Darf ich Sie zu einem Kaffee

einladen?« Gemeinsam gingen sie in das mit dunklem Holz ausgekleidete Refektorium. »Wissen Sie, dass zwei Krimis mit uns als Schauplatz erschienen sind?«, sagte Fra' Giacomo. »Und ein aufdringliches Filmteam war auch wieder da. Wenn es so weitergeht, wird unsere schöne Stadt nur noch Kulisse für die Vergnügungen der anderen sein.« Fra' Giacomo seufzte. »Aber nein, das muss man verhindern!«, rief Elisa aus. Ihr schien, als ob Fra' Giacomo etwas fülliger geworden wäre und gebeugter ging. »Ach wissen Sie, wir werden älter, und unsere Aufgaben werden mehr. Jetzt fehlt sogar der *parocco* in der Gemeinde, und wir Mönche müssen täglich die Messe lesen! Außerdem, sie glauben gar nicht, wie viele alte und einsame alte Leute es in unserem *sestiere Castello* gibt! Und jetzt hat auch noch irgendein Investor einen begehrlichen Blick auf unser Klostergebäude geworfen. Um uns Mönche geht es mir ja nicht, sechs Menschen finden immer irgendwo Platz. Aber wo sollen die ganzen Bücher hin? Unsere Bibliothek platzt allmählich aus den Nähten, weil uns jetzt auch noch viele alte Menschen ihre Bücher übergeben. Manchmal sind richtige Schätze darunter. Sie werden alt, und ihre Kinder interessieren sich nicht mehr dafür.« Für Elisa war es ein unvorstellbarer Gedanke. »Aber, wieso, Bücher kann man doch nicht einfach ablegen wie einen alten Mantel! Schließlich hat man mit ihnen sein Leben geteilt!« Mehr als mit vielen Menschen, dachte sie traurig. »Das sagen Sie so, liebe Elisa, weil Sie Bücher lieben und mit ihnen leben. Für viele Menschen sind sie nur Ballast. Erst sind die Menschen Gott leid geworden, dann ihre Mitmenschen, und jetzt auch noch die Bücher. Keine Ahnung, wie es weitergehen wird mit dieser Welt!«

Fra' Giacomo hatte alle Bücher, für die kein Platz mehr war, im Vorraum der Bibliothek gestapelt. »Schauen Sie sich ruhig um«, forderte er Elisa auf, »und nehmen Sie mit, was Sie gern lesen würden.« Elisa öffnete behutsam die Hand und sah auf die rote Perle. Fra' Giacomo sah sie erstaunt an. »Eine Perle?« Elisa nickte stumm. »Da habe ich etwas für Sie.« Er zeigte auf einen bunten Stapel und wies auf einen schmalen Band ziemlich weit unten. Vorsichtig zog Elisa ihn hervor: Es war ein Buch über alte Perlen.

Fra' Giacomo hatte das Fenster zum *campo* geöffnet, und ein sanfter Wind wehte durch die

Zypressen vor dem Kloster. Ein paar freche Möwen suchten in den Abfalltüten, die achtlose Besucher an die Ecke des *campo* gelehnt hatten. Schwarzweiße Seeschwalben schnatterten heftig, bevor sie wieder Richtung Lagune verschwanden. Elisa mochte die Tiere, weil sie mit ihren schwarzen Kappen und gelben Schnäbeln wie fröhliche Begleiter eines ständigen Karnevals aussahen.

»Ich habe einmal gelesen, dass es das Geheimnis einer wahren Bibliothek sei, dass die Lesenden auf unerklärliche Art und Weise genau das Buch finden, das ihr Leben in genau diesem Moment bereichern wird.« Fra' Giacomo sah Elisa wohlwollend an. »Aber nach meinen langjährigen Beobachtungen ist das gar kein Geheimnis, sondern ein inneres Gesetz, dass man in einem bestimmten Moment auf das richtige Buch trifft.«

»O ja, das habe ich mehr als einmal erlebt!«, stimmte Elisa zu. »Und auch deshalb sind Bücher für mich die besten Gefährten!« »Natürlich«, pflichtete Fra' Giacomo bei, »aber es sind stumme Gefährten, die uns zu den Menschen führen.«

Elisa fasste nach der roten Perle, die sie wieder in die Manteltasche gesteckt hatte. Fra' Giacomo hatte ihre Bewegung beobachtet. »Jetzt hat irgendeine geheime Macht Sie hierhergeführt, damit Sie vielleicht die Geschichte der roten Perle entdecken!« »Meinen Sie wirklich?« Der Mönch war im Viertel für seinen Glauben, nicht etwa für Ausflüge in den Aberglauben bekannt. »Sie wissen, wie sehr ich Bücher liebe, *carissima*, aber ich finde schon lange, dass Sie zu einsam sind. Vielleicht wird diese Perle Sie wieder zu den Menschen führen. Ich wage jetzt mal zu sagen, zur Liebe vielleicht?« »Ach was, Fra' Giacomo, ausgerechnet Sie müssen von Liebe reden!« »Natürlich, ausgerechnet ich, schließlich habe ich eine lange Erfahrung damit. Mehr als sich die meisten Menschen vorstellen können.« Der Mönch lächelte. Elisa packte das Buch in ihre Tasche und machte sich beschwingt auf den Heimweg. Ein paar Mal drehte sie sich um, weil sie glaubte, den dunklen Umhang des geheimnisvollen Mannes zu erkennen. Doch jedes Mal, wenn sie erwartungsvoll zurückblickte, stellte sie enttäuscht fest, dass er es doch nicht war. Zu Hause angekommen, setzte sie sich in den Garten und schlug das Buch auf. Es war die Geschichte eines Venezianers aus dem 19. Jahrhundert, der die Arbeit in seiner Glasbläserwerkstatt auf Murano beschrieb. Wie gern hätte er sich einmal auf die Suche nach den Perlen des Orients gemacht! Der unbekannte Meister beschrieb seine geliebte Werkstatt, durch die das milchige Nordlicht fiel, das die beste Voraussetzung für die Glasproduktion war. Er berichtete, wie er tagtäglich Soda, Sand und Mineralien, die Grundsubstanzen für Glas, sowie Holz für den Brennofen besorgte, und beschrieb, wie er mit gerissenen Händlern und langsamen Botenjungen stritt.

Im letzten Kapitel berichtete *maestro Gerolamo*, dass zur napoleonischen Zeit so mancher Glasmeister seine Schätze im Garten vergraben hatte, um gar nicht in Versuchung zu geraten, die Geheimnisse seines Handwerks preiszugeben.

Als Elisa das Buch zur Hälfte gelesen hatte und die untergehende Sonne fantastische Lichter auf die ganze Stadt warf, ging sie in die Küche, um sich einen Tee zu kochen. Der Wasserhahn gab beängstigende gurgelnde Geräusche von sich, hatte aber nicht die geringste Absicht, sie auch mit Wasser zu versorgen. Viel zu alt, das blöde Ding, schimpfte Elisa, wahrscheinlich hoffnungslos verrostet. Sie seufzte. Schon lange war ihre

Wohnung nicht mehr auf dem neuesten technischen Stand, aber sie konnte sich ja nicht um alles kümmern! Wenn etwas kaputt war, ließ sie es dabei bewenden und arrangierte sich damit. Zum Glück fiel ihr Eugenio ein, der Klempner in der *calle Sant' Antonio*, der sie immer so freundlich grüßte, wenn sie ihm in der *Lista di Spagna* begegnete. Hoffentlich konnte er gegen die geplatzte Leitung etwas ausrichten. Natürlich fand sie in ihrer Zetteldose seine Nummer nicht, es wäre ja auch ein Wunder gewesen. Zum zweiten Mal an diesem Tag griff sie nach ihrem Mantel, was ihr schon lange nicht mehr passiert war. Zum Glück hatte der Regen ganz aufgehört. Plötzlich war Elisa von einer großen inneren Freude erfüllt. Also gab es doch eine geheime Kraft, die wünschte, dass sie das Haus verließ und Menschen aufsuchte, und wenn es nur ein kaputter Wasserhahn war. Sie atmete tief durch. Nach dem Regen war die Luft viel frischer. Nach ein paar hundert Metern hatte sie die schmale, kaum beleuchtete Gasse erreicht. Eugenio war zum Glück zu Hause und begrüßte sie überschwänglich. »Eugenio, ich hoffe, ich komme nicht ungelegen.« »Aber nein, Elisa, an solchen Regentagen überkommt mich immer tiefe Melancholie, ich freue mich, Sie zu sehen! Möchten Sie nicht hereinkommen?« »Ja, vielleicht, aber …« Bevor Elisa ein weiteres »Ich möchte nicht stören« murmeln konnte, war Eugenio vorausgegangen und hatte Teewasser aufgesetzt. Was für ein angenehmes Geräusch, Wasser, das aus der Leitung sprudelte! »Ich habe Sie schon ein paar Mal in der *Lista di Spagna* gesehen. Sie waren so in Gedanken versunken, dass Sie mich wahrscheinlich gar nicht bemerkt haben!« »Nein, das tut mir leid.« Verstohlen betrachtete sie den Mann, der vor ihr saß. Er war nicht mehr jung, aber er wirkte sportlich und durchtrainiert, mit dunklen, klugen Augen und vielen Lachfalten im Gesicht. Elisa lächelte. Eugenios Tee schmeckte köstlich, stark und ein bisschen nach fremden Gewürzen, die Elisa an den Orient erinnerten. »Ich fürchte, ich habe mein Haus etwas vernachlässigt, und jetzt straft es mich dafür. Der Wasserhahn hat seine Funktion aufgegeben …« Eugenio lachte. »O ja, Häuser sind wie Bücher, sie haben ein Eigenleben. Sie fordern unsere volle Aufmerksamkeit, sonst beginnen sie eine traurige Existenz und machen uns am Ende unglücklich damit!« Eine Welle des Wohlwollens war zwischen ihr und Eugenio zu spüren. »Morgen früh komme ich vorbei und repariere das Ding!« Strahlend war Elisa aufgestanden und war nach Hause geeilt. Mitten in der Nacht wachte sie auf und konnte es kaum erwarten, dass es Tag wurde. Plötzlich hörte sie wieder die Glocken der umliegenden Kirchen, sogar die weit entfernte der *Madonna dell' Orto*, die eigentlich ihre Lieblingskirche war.

Punkt neun Uhr klingelte Eugenio, stellte sein Handwerkszeug auf den Küchentisch, schraubte Hähne ab, montierte Dichtungen, ohne dass auch nur ein einziger Tropfen Wasser floss. »Der Schaden muss irgendwo im Garten sein«, verkündete er schließlich, »es ist nicht bloß der Hahn, die ganze Leitung ist verstopft. Wahrscheinlich irgendein Maulwurf im Garten.« Elisa griff sich ans Herz. Es war ungewohnt, dass ein Mensch sich in ihrer Wohnung aufhielt, aber sie genoss es auch. »Ich gehe kurz nach Hause, um anderes Werkzeug zu holen. So leid es mir tut, ich muss Ihren Garten aufgraben.« Seinem Instinkt folgend hatte Eugenio an der richtigen Stelle zu graben begonnen, da, wo früher ein alter Brunnen gewesen sein musste, wie man an den Umrandungssteinen noch erkennen konnte. Es dauerte nur wenige Spatenstiche, bevor er auf etwas Hartes stieß. Als er die Stelle vorsichtig mit den Händen untersuchte, stieß er auf ein feuchtes braunes Gewebe. Im ersten Moment erschrak er, ließ sich aber nicht aus der Ruhe bringen. Plötzlich war ein leises Klirren zu hören, und fast stand ihm das Herz einen Augenblick still. Er sah Elisa an, die sich leise neben ihn gestellt hatte. Das braune Gewebe war so morsch, dass es ein Leichtes war, es mit bloßen Händen einzureißen. Eugenio und Elisa trauten ihren Augen nicht, als gläserne Perlen in allen Farben, manche auf Schnüren, andere lose und in Säckchen gebunden, herauskullerten. Die schönste Perle, rot mit goldenem Muster, hob Eugenio auf und legte sie in Elisas Hände.

»Es ist, als hätte ich geträumt«, murmelte Elisa, als sie später mit Eugenio an den großen Kanal gefahren war und mit ihm in den Sonnenuntergang blickte. »Das hast du auch«, sagte Eugenio, »auch der Traum ist ein Ausschnitt der Wirklichkeit.« »Und meine Bücher?«, fragte Elisa. »Und Marco Polo?« »Marco Polo ist einfach aus seinem Buch herausgesprungen, um dir ein bisschen Gesellschaft zu leisten. Zuerst hat er dir eine Perle geschenkt und dann hat er dich zu mir geführt. Ich finde, wir sollten eine Kerze für ihn anzünden.« Elisa wusste nicht so recht, was sie von Eugenios Worten halten sollte. Aber glücklich schmiegte sie sich an ihn und beschloss, die beiden roten Perlen als Glücksbringer immer bei sich zu tragen.

THERESIA WALSER

Die Büchermauer

Wo immer ich etwas länger bin, steht neben meinem Bett eine kleine Mauer aus Büchern. Sie ist auf einmal da. Ohne dass ich sie extra bauen muss.

Man könnte sagen, sie entsteht als eine Art Nebenprodukt meines Lebens. So wie bei einem Freund, der mir einmal erzählte, dass, wo immer er lebt, irgendwann auf seinem Fensterbrett ein kleiner Urwald wächst.

Vor sechzehn Jahren lag ich drei Monate im Krankenhaus. Es dauerte nicht lange, bis auch dort neben meinem Bett die Büchermauer stand. Nicht allen gefiel das. Eine der Krankenschwestern schüttelte den Kopf, sobald sie das Zimmer betrat: Das ist immer noch ein Krankenhaus und kein … Sie beendete ihren Satz nie. Noch heute rätsle ich, wie dieser Satz hätte weitergehen können: Das ist immer noch ein Krankenhaus und kein Buchladen? Dieser Satz bleibt mir für immer hängen, wie eine abgebrochene Brücke.

Ich las damals *Auf der Suche nach der verlorenen Zeit* von Proust.
»Man kennt sein Glück nicht, man ist nie so unglücklich, wie man glaubt.« Dieser Satz traf mich in einer Situation, in der man glücklicher nicht hätte sein können: Ich war schwanger.
Eine meiner Bettnachbarinnen sagte mir damals, dass ich nachts im Schlaf rede.
Und? Was sage ich?
Es hört sich an wie ein Telefongespräch, am Ende lachst du dann.
Seit Wochen hing ich am Tropf und war froh, dass es wenigstens nachts etwas zu lachen gab.
»Man kennt sein Glück nicht, man ist nie so unglücklich, wie man glaubt.«
Aus dem Fenster konnte ich manchmal beobachten, wie auf dem Krankhausparkplatz hochschwangere Frauen herumliefen. Wie konnten sie mit ihren großen Bäuchen überhaupt noch gehen? Mir drohte bei jedem Toilettengang eine Katastrophe. Ich war erst in der 27. Woche. Wenn möglich, sollte ich das Bett nicht verlassen.
Man kann von Glück sagen, wenn einen das richtige Buch im richtigen Moment findet! 4:30 Uhr, wenn es draußen gerade anfing, hell zu werden,

knipste ich die Bettleuchte an und las mir flüsternd Proust vor, damit meine Zimmergenossinnen nicht wach wurden. Wir alle teilten das gleiche Schicksal: drohende Frühgeburt. Zu dritt lagen wir mit unseren Bäuchen in den Krankenbetten, wir waren nicht krank und trotzdem verzweifelt.

Olga kriegte fast jeden Tag Besuch aus ihrer Baptistengemeinde, die täglich für sie betete. Das Beten habe geholfen, sagte sie einmal, sonst wäre alles noch viel schlimmer. Marga war von uns dreien am weitesten, sie war bereits in der 32. Woche, ihr Kind würde immerhin schon selbstständig atmen können.

Mein morgendliches Proust-Flüstern schützte mich vor Bildern und Gedanken, die um 4:30 Uhr gnadenloser zuschlugen als sonst. Ich sah ein winziges Wesen vor mir an einer Atmungsmaschine hängen, einen Kampf führen, von der ersten Sekunde seines Lebens.

Während ich diese endlosen Proust'schen Sätze vor mich hin flüsterte, hatte ich das Gefühl, selbst ein Stück weit die Zeit in Händen zu halten. Wie oft hatte ich mich auf den nächsten Tag gefreut: Morgen komme ich vom Tropf. Ich werde als

Erstes eine Wespe erschlagen und dann werde ich meine Haare kämmen!
Am Ende hing die Fruchtblase wieder durch, wie ein Trichter, und die Cervix war wieder verkürzt. Dass in meiner Büchermauer vor dem Bett noch weitere Proust-Bände auf mich warteten, beruhigte mich. Die Vorstellung, mit einem Buch zu Ende und trotzdem noch weiter ans Bett gefesselt zu sein, war quälend.
Prousts Sätze trugen mich damals über all diese Tage und Wochen, die ich zählte wie eine Gefangene, die auf ihre Entlassung wartet.
Letztlich ging alles gut, und erst viel später fiel mir auf, dass auch Proust ein Dauerlieger war. Seine *Recherche* schrieb er im Liegen.
Meine Büchermauer zu Hause hat, wie es sich für eine Mauer gehört, ein Fundament. Der obere Teil der Mauer verändert sich immer wieder. Das Fundament bilden vor allem die Tagebücher von Virginia Woolf, Faulkners *Licht im August* und *Schall und Wahn*. Und immer irgendwo ein paar Schriften von Freud. Ein Dutzend Genazinos stecken in meiner Mauer, ein paar Bücher von Lydia Davis, genauso wie meine zwei Sybillen – die Lewitscharow'sche und die Berg'sche.

Wobei auch das Fundament immer wieder Umschichtungen ausgesetzt ist. Neulich erst fand ich dort Becketts dramatische Dichtung in drei Sprachen wieder. Schließlich ist meine Mauer keine feste Trutzburg, es kann passieren, dass sie alle halbe Jahre einmal komplett zusammenbricht und ich vor einem Bücherhaufen stehe. Man könnte sagen, das Einstürzen meiner Mauer gehört zu ihrem Prinzip. Von Anbeginn ist sie umsturzgefährdet.

Natürlich eignen sich manche Bücher als Mauerfundament besser als andere, weswegen seit Jahren der immer wieder angelesene *Don Quichotte* ganz unten liegt.

Ähnlich wie in Schweizer Gebirgssteinmäuerchen schiebe ich – nicht nur der Stabilität wegen – längs ein paar schmalere Lyrikbände von Poschmann, Scheuermann, Tranströmer und Heaney dazwischen. Wobei manche dickere Lyrikbücher, wie die von Jan Wagner, auch im Fundament zu finden sind. Allein die Anwesenheit meiner Büchermauer gibt mir Halt, daran habe ich nicht den geringsten Zweifel. Dass sie immer wieder zusammenkracht, ist nicht weiter schlimm. Meine Büchermauer hat, wenn man so will, eine in-

nere Stützfunktion. Anders als Bücherregale, in denen Bücher oftmals Jahrzehnte lang in ihrer Ordnung erstarren, ist meine Büchermauer einer ständigen Umstapelei ausgesetzt. Die Büchermauer von letztem Jahr war eine andere als meine diesjährige Büchermauer. Es finden sich darin meine jeweiligen Lieblingsbegleiterinnen und -begleiter.
Es genügt ein beiläufiger Blick beim Aufwachen auf meine Mauer, und ich höre Genazino beim Planen seines privaten Blätterzimmers zu und wie Virginia Woolf sich im Morgengrauen nach durchschriebener Nacht in der Badewanne selbst ihre Texte vorliest, oder Lydia Davids, die einer ihrer Küchenmaschinen gerade wieder eine Nachricht ablauscht – augenblicklich fühle ich mich dann von diesen Stimmen belebt.
Mit Sicherheit ist es die einzige Mauer der Welt, die einem den Blick fürs Leben weitet.

KARL-HEINZ OTT

Der Betrunkene in der Bibliothek

Seit Jahren kommt mir immer wieder eine Szene in den Sinn aus Scott Fitzgeralds *Der große Gatsby*. Diese Szene ist ziemlich kurz und für den weiteren Handlungsverlauf spielt sie keinerlei Rolle. Doch was heißt schon Rolle spielen? Gute Romane sind ja nicht deshalb gut, weil sie mit einem tollen Plot aufwarten, sondern weil ihre Sprache, ihre Bilder, ihre Gedanken, ihre Beobachtungen und ihr Atmosphärisches uns packen. Bei vielen Romanen erinnere ich mich kaum noch, worum es eigentlich ging, dafür aber meist an die Zeit, als ich sie gelesen habe – als Jugendlicher auf dem Sofa daheim oder im Garten hinterm Haus, während des Studiums am nächtlich verwaisten WG-Küchentisch oder am Meer oder im Zug, selten einmal auch im Flugzeug. Ihre Titel und die Namen der Autoren lassen in mir sofort etwas von der Stimmung wiederaufleben, die das Buch damals erzeugt hat – selbst wenn mir die Geschichte weitgehend entfallen ist. Größtenteils vergesse ich auch die Namen

der Hauptfiguren, außer natürlich, wenn sie bereits im Titel auftauchen: Gatsby, Stiller, Mrs Dalloway.
Allerdings bleiben mir häufig einzelne Bilder, Sätze und Formulierungen haften. Wie etwa jene Szene, in der zwei Partygäste auf der Suche nach ihrem Gastgeber, Mr Gatsby, durch sein luxuriöses Anwesen schweifen und plötzlich vor einer bedeutsam aussehenden Tür stehen. Als sie schauen, was sich dahinter verbirgt, sind sie von Büchern umringt. Auf einer Tischkante sitzt ein dicklicher Mann mit Eulen-Brille, der leicht schwankend auf die vielen Regale starrt. Schließlich mustert er die beiden von oben bis unten und sagt: »Was denken Sie?« Die beiden wissen nicht, was er meint. »Sie sind echt«, sagt der Betrunkene, »absolut echt, ich zeig's Ihnen.« Er zieht ein Buch heraus, reicht es den beiden, nimmt es ihnen aber sogleich wieder weg und stellt es zurück. »Wenn man einen einzigen Stein herausnimmt, fällt alles zusammen«, erklärt er. Bevor die beiden sich wieder davonmachen, sagt er: »Ich bin seit einer Woche betrunken. Ich dachte, wenn ich mich hier in die Bibliothek setze, werde ich wieder nüchtern.«

Mehr geschieht nicht. Und weder davor noch danach ist je von dieser Bibliothek die Rede. Auch den Betrunkenen sehen die beiden lediglich bei Mr Gatsbys Beerdigung wieder, zu der sich nur ein jämmerliches Häuflein einfindet – ganz anders als einst bei seinen Partys. Dort war Alkohol in Strömen geflossen, es hatten ganze Orchester aufgespielt, die Büffets waren überbordet von lukullischen Genüssen; Opulenz, wohin man blickte. Weil bei Gatsby alles auf Glitzer und Glamour getrimmt war, nimmt es nicht wunder, dass den Betrunkenen die Echtheit dieser Bücher erstaunt. Allerdings muss er bei dem herausgezogenen Exemplar feststellen, dass es nicht aufgeschnitten ist. Doch immerhin, es ist keine Attrappe.

Diese Szene hat etwas Groteskes, Komisches und auch ein wenig Geisterhaftes. Und trotzdem – oder gerade deshalb – berührt sie mich. Dass dieser Betrunkene sich während eines rauschenden Festes in die Bibliothek verzieht und Bücher anstiert, besitzt etwas von einem merkwürdigen Friedensbild – einem Friedensbild, das wenig mit Harmonie und Glück zu tun hat. Friedlich mutet allenfalls die Stille, die Abgeschiedenheit, ja fast könnte man sagen Jenseitigkeit dieses

Ortes an, an dem der Betrunkene wieder einen klareren Kopf bekommen will – und damit auch festeren Boden unter den Füßen. Man würde über diesen Mann gern mehr erfahren. Andererseits drohte damit das Rätselhafte dieser Szene zerstört zu werden. Dabei ist an ihr nichts wirklich geheimnisvoll. Dieser Mann, könnte man sagen, sitzt im Auge des Taifuns. Wenige Schritte nebenan tobt der Bär, während er sich auf eine Insel ganz eigener Art zurückzieht.

Ich selbst suche nichts lieber auf als Bibliotheken, vor allem solche schönen, wie es sie häufiger als hier in England und Amerika gibt. Bin ich alle paar Jahre einmal in Boston, gehe ich als Erstes in die Public Library. Nicht um etwas zu recherchieren, sondern nur, um hier und dort ein Buch aus dem Regal zu ziehen, darin zu blättern oder mich damit eine Weile an einen Tisch zu setzen. Ich gehe in Bibliotheken, wie ich manchmal in Kirchen gehe, ohne zu beten. Auch die Boston Public Library könnte eine Kirche sein – mit ihren mächtigen Deckengewölben, ihren rostbraunen Holzvertäfelungen, ihren hohen Bogenfenstern und ihrem klösterlich anmutenden Innenhof. Nur stehen dort statt Kirchenbänken Tische

mit smaragdgrünen Lampen, die den riesigen Raum fast märchenhaft illuminieren.
Ist es Zufall, dass in Bibliotheken eine ähnliche Stille herrscht wie in Kirchen? Und dass diese Stille sich umso eindrucksvoller ausnimmt, je mehr Leute dort versammelt sind? Und dass die respektheischenden, vom Boden bis zur Decke reichenden Folianten mit ihren dunkel glänzenden Rücken eine Aura entfalten, die einen schweigen oder bloß noch flüstern lässt? Und dass einen dabei ein Gefühl von Andacht überkommt? Nur dass diese Andacht keinem Gott gilt, sondern einem Universum aus Gedanken, die alles umspannen, vom Himmel bis zur Hölle.
Im Nachhinein bin ich froh, auf dem Dorf aufgewachsen zu sein. Zum Dorf gehört Langeweile. Jedenfalls war das noch so vor fünfzig Jahren, als es kein Facebook gab und kein Instagram – und nicht einmal in jedem Haushalt ein Telefon. Um der Langeweile zu entkommen, gab es für mich nur eines – Bücher. Seither kenne ich keine Langeweile mehr; zumindest keine, die lange anhält. Schon während der Schulzeit ging ich häufig nicht ans Telefon und machte nicht die Tür auf, wenn es klingelte und Freunde draußen standen.

So gern ich mit ihnen etwas unternahm, so sehr bedurfte ich der Tage und Stunden, die mit Lesen vergingen.
Wer von Büchern umgeben ist, ist nie allein. Beim Lesen wird er Teil all jener Welten, die sich vor seinem inneren Auge entfalten. Er lebt mit ihren Figuren, denkt ihre Gedanken, empfindet wie sie, fühlt wie sie – oder sträubt sich gegen sie und widerspricht ihnen. Bücher bringen unsere Gedanken ungehemmt zum Laufen. Indem wir lesen, lesen wir in uns selbst. Bücher sind unsere Spiegel. Das Beste daran aber ist, dass uns das überhaupt nicht bewusst sein muss und wir uns einfach in ihnen verlieren. Würde es nicht an den Jargon esoterischer Salbader erinnern, könnte man sagen: Sich-Verlieren und Sich-Erkennen spielen dabei aufs engste zusammen.
Blicken einen von allen Seiten Bücher an, könnte einem fast schwindlig werden – auf seltsam beruhigende Weise. Ehrfurcht und Andacht liegen nah beieinander. Man wähnt sich in andere Sphären versetzt, in Sphären, die nicht von der Welt wegführen, sondern sie in einer Art Konzentrat enthalten. Allerdings kündet auch die Hülle und Fülle so vieler gespeicherter Gedanken

von einer gewissen Vanitas. Denn sie alle erzählen uns hinter der Hand, dass unser ganzes Sinnen und Wissen etwas Vergebliches besitzt. Nicht zufällig bildet den Beginn unserer Literatur jene *Odyssee* von Homer, die von nichts als Irrfahrten erzählt und davon, dass auch das Ankommen kein Glück beschert.

Zu dem Wenigen, was mir im *Großen Gatsby* außer dieser Bibliotheksszene geblieben ist, gehört der letzte Satz des Romans. Er lautet: »So we beat on, boats against the current, borne back ceaselessly into the past.« So rhythmisch, wie dieser Satz mit seinen vielen Silbenspielen dahinschwingt, könnte es sich auch um Verse handeln. Eine mögliche Übersetzung lautet: »So kämpfen wir uns voran, gleich Booten gegen die Strömung, unablässig zurückgetrieben ins hinter uns Liegende.« Alles andere ist mir weitgehend entfallen. Doch ich weiß, wie sehr dieser Roman mich gebannt hat. Und der Betrunkene, habe ich das Gefühl, sitzt dort noch immer.

FRANZISKA WOLFFHEIM

Die verrückte Bibliothek

Seit er in Rente war, wurde Felix Krüger immer mehr zum Grottenolm. Jedenfalls sagten das die wenigen Freunde, die er noch hatte. Viele Jahre hatte er als Literaturdozent gearbeitet, mit seinen Studenten leidenschaftlich diskutiert, etwa über Formen der Weltverneinung im Werk von Thomas Bernhard – einem Autor, der ihm besonders am Herzen lag. Jetzt ging er kaum noch aus und verbrachte die meiste Zeit in seinem geräumigen Bibliothekszimmer. Seit Jahr und Tag pflegte er seine Bücher, staubte sie liebevoll ab, obwohl er dabei hin und wieder einen Niesanfall bekam. Peinlich achtete er darauf, dass die Bücher in gerader Reihe angeordnet waren, wenn eines zu weit vorstand, wurde es sofort wieder auf Linie gebracht. Die Titel waren nach Autoren und Ländern geordnet, und er musste nicht lange suchen, wenn er ein Buch brauchte, er kannte jeden Titel.

Früher war Felix Krüger viel gereist, auf allen Kontinenten, und hier und da hatte er eine Affäre gehabt. Manchmal kam ihn eine dieser Frauen später in Köln besuchen und stellte die unvermeidliche Frage, ob er das alles gelesen habe. Was sollte er sagen? Wenn er bejahte, könnte sie ihn für einen Angeber halten, wenn er verneinte, würde sie denken, er sei ein Hochstapler. Also hat er irgendeine Verlegenheitsantwort gemurmelt, na ja, einen Teil, oder so ähnlich. Seit er in Rente war, hatte er das Reisen vernachlässigt, seine Bibliothek war für ihn wie ein Haustier, ausgesprochen pflegeintensiv.

Seit einiger Zeit stimmte jedoch etwas nicht. Wenn er morgens in das Bibliothekszimmer kam, sah er, dass ein paar Romane kopfstanden. Oder er bemerkte, wenn er ein Buch zur Hand nahm, dass darin ein Buchstabe komplett verschwunden war. Das las sich dann so: »Als Grgor Samsa ins Morgns aus unruhign Träumn rwacht, fand r sich in sinm Btt zu inm unghurn Ungzifr vrwandlt.« Manchmal waren auch die Buchtitel verändert, meist nicht sehr vorteilhaft, auf dem Cover stand jetzt etwa »Die unerträgliche Leichtigkeit des Schleims« oder »Also sprach Zarah Leander« oder »Die satanische Ferse«.

Manche Bücher waren im Umfang geschrumpft,

»Krieg und Frieden« hatte nur noch lächerliche 50 Seiten, der Krieg war ruckzuck zu Ende, was sicher auch besser so war. Dafür waren andere Bücher zu regelrechten Ziegeln angewachsen, weil sich die Handlung munter fortsetzte. Madame Bovary hatte mitnichten Arsen geschluckt, sondern lebte fröhlich eine offene Ehe mit diversen Liebhabern und Liebhaberinnen, und auch ihr Ehemann, der trottelige Charles, hatte es endlich geschafft, eine Frau an Land zu ziehen. In einem anderen Roman waren zwei Plots ineinander verschmolzen: Tony Buddenbrook lag in eine dicke Decke gehüllt auf dem Zauberberg und hoffte, ihrem verhassten Gatten Bendix Grünlich mit der unübersehbaren Warze im Gesicht möglichst nie wieder zu begegnen. Und sich nie wieder Sätze von ihm anhören zu müssen wie »Diese Klatschrosen dort drüben putzen ganz ungemein …«. Dann gab es in der Bibliothek Bücher, aus denen jetzt Wurzeln herauswuchsen, deren Verästelungen sich in den Regalböden festsetzten. Felix Krüger konnte sie nur unter Mühen von den Böden wegrupfen, so als seien sie Unkraut.

Er beobachtete die Veränderungen jeden Morgen mit Argwohn. Mitunter befürchtete er, womöglich zu spinnen, und machte vorsorglich einen Termin beim Neurologen, der jedoch nichts Ungewöhnliches feststellen konnte. Trotzdem war Felix Krüger alles andere als beruhigt. Seine Bibliothek, die geliebte Bibliothek, führte ein Eigenleben, und er, der sich gern als Büchernarr bezeichnete, wurde von seinen eigenen Büchern genarrt.

Also beschloss Felix Krüger, eine Nacht in seiner Bibliothek zu verbringen und zu spionieren. Am Abend legte er eine Luftmatratze auf den Boden und versuchte, nicht einzuschlafen. Nach kurzer Zeit hörte er ein seltsames Geräusch, ein düsteres Krächzen. War das etwa Edgar Allen Poes unheilvoller Rabe? Saß das Vieh jetzt in seinem Bücherregal? Er traute sich nicht nachzusehen. Darauf folgte ein ohrenbetäubendes Schnarchen, das, wie er annahm, von Iwan Gontscharows trägem Oblomow kam, und einen Moment beneidete er den dauerentspannten Adeligen. Nach einer Pause fiel, wie aus dem Nichts, ein Schuss, und Felix Krüger zuckte zusammen. Er hatte Albert Camus' abgedrehten Roman »Der Fremde« nie gemocht, aber dass Monsieur Meursault jetzt auch bei ihm zu Hause rumballerte, ging entschieden zu weit. Fluchend setzte er sich auf die Bettkante und knipste das Licht an. Dann schaute er an den Bücherreihen entlang, die unverändert aussahen. Schließlich legte er sich wieder hin, lag eine Weile im Dämmerzustand, umwölkt, wie es ihm schien, vom Duft arabischer Gewürze, das konnte nur Rafik Schami, das alte Schlitzohr, sein, der sich mit ihm einen Spaß erlaubte. Erst am frühen Morgen schlief er ein.

Als Felix Krüger schließlich gerädert aufwachte, beschloss er, dem Spuk ein Ende zu setzen. Aus dem Keller holte er einen großen Stapel Umzugskisten, die er dort schon länger gebunkert hatte, und packte Buch für Buch in die Kisten. Manchmal hielt er inne, eine große Wehmut beschlich ihn angesichts der immer leerer werdenden Regale. Was sollte er jetzt mit den Brettern machen – sie verkaufen oder mit neuen Büchern füllen? Vielleicht würden die Neuzugänge ebenfalls ausflippen, so wie ihre Vorgänger. Also nichts wie weg mit den Quälgeistern.

Sobald er fertig war, rief Felix Krüger einen Antiquar an, dem er vor kurzem eine Gesamtausgabe Patricia Highsmith abgekauft hatte. Der

Mann, ein ziegenbärtiger Hänfling, holte die Kisten noch am selben Abend ab. Felix Krüger überlegte einen Moment, ob die übellaunige Highsmith seine Bibliothek verhext hatte, aber der Gedanke war müßig, und jetzt lag die exzentrische Amerikanerin eh auf dem Boden eines Pappkartons.

In der folgenden Nacht konnte er endlich wieder gut schlafen. Seine Träume, die in der letzten Zeit chaotisch gewesen waren, beruhigten sich. Er träumte von Reisen an Orte, die er besonders mochte, St. Peter-Ording an der Nordsee, den Lago Maggiore oder die alte Inka-Stadt Machu Picchu in den Anden. Am Morgen wachte er erfrischt auf und machte einen langen Spaziergang am Rhein entlang. Entspannt segelte er durch die nächsten Tage, traf sich mit ehemaligen Studentinnen, setzte sich in sein Lieblingscafé, in dem er seit langem keinen Espresso mehr getrunken hatte.

Doch schon bald war die neue Leichtigkeit dahin. Nach einer Woche hörte er nachts von seinem Bett aus seltsame rumpelnde Geräusche, die von weiter weg kamen; er war aber zu müde, um nachzusehen. Am nächsten Morgen schlich er um das Bibliothekszimmer herum – er nannte den Raum immer noch so, obwohl er ihn ja geräumt hatte. Erst nach einer Weile traute er sich hinein und erstarrte. Alle Regale waren wieder gefüllt, die Bücher standen sogar noch enger zusammen als vorher. Argwöhnisch trat er näher und bemerkte, dass er einige Neuzugänge hatte. Da stand Bruce Chatwins »In Patagonien« neben Daniel Defoes »Robinson Crusoe«, Paul Austers »New York-Trilogie« (wollte er schon immer lesen) neben Marion Zimmer Bradleys »Die Nebel von Avalon« (die brauchte er wirklich nicht!). Er blätterte in dem Chatwin-Band, und plötzlich fiel aus den Seiten ein Flugticket nach Argentinien heraus, Frankfurt – Buenos Aires, nur der Hinflug. Auch Paul Auster überraschte ihn mit einer Einladung, es gab ein Schiffs- und ein Flugticket nach New York, er konnte wählen; Daniel Defoe bot einen Segelturn vor Amerikas Küsten an. Nur aus Avalon, wo auch immer das lag, kam keine Einladung. Felix Krüger schaute auf die Daten der Tickets. Bereits in einer Woche sollte er von Frankfurt nach Buenos Aires fliegen. Er merkte, wie sich sein Herz aufblähte, die Reiselust überfiel ihn, endlich wieder. Sollten die

Bücher sich doch gegenseitig auf den Geist gehen.
Nichts wie weg.

HANNS-JOSEF ORTHEIL

Ich löse meine Bibliothek auf

Alle drei bis vier Jahre löse ich meine Bibliothek auf. Ich gehe (rutsche, krieche auf den Knien) an den vielen Regalen entlang, lese jeden (aber auch jeden!) Buchrücken und nehme manche Bücher wieder in die Hand. Jedes einzelne von ihnen hat eine Geschichte (die seines Erwerbs, seiner Lektüre, seiner Nicht-Lektüre, seines Dösens und Wartens …).

Ich erinnere diese Geschichte kurz und wäge in Sekundenbruchteilen ab, wie es mit ihm weitergeht: Soll es noch mehr Zeit mit mir verbringen, wäre es anderswo besser aufgehoben oder ordne ich es an anderer Stelle ein (wo es mehr Chancen hat, bald genauer gelesen zu werden)?

Meine Bibliothek hat viele unterschiedliche Zonen: Bücher, mit denen ich ununterbrochen Kontakt halte, Bücher nahe dem Garten (sie werden oft draußen im Freien gelesen), Bücher, die eine Tendenz zum Musikalischen oder zur Musik haben, oder Bücher, die ich aus einer bloßen Laune heraus nachts lese (als könnte ich mich tagsüber nicht mit ihnen sehen lassen … – oder als legten sie es darauf an, mich unbedingt nachts zu fesseln …).

Die Bibliothek aufzulösen, meint also: Ich ordne sie neu, sondiere manche (zum Verschenken) aus und mache dadurch den anderen Platz, damit möglichst bald neue Exemplare einziehen können. Ich besitze lange Listen, die das Erscheinen und Verschwinden der Bücher genau vermerken. Die Auflösung meiner Bibliothek nimmt also viel Zeit in Anspruch. Sie ist erst beendet, wenn ich ein ausführliches Gespräch mit all meinen Büchern geführt habe.

Wie ernsthaft die meisten mich begleiten! Wie steif und gesetzt sie herumstehen und ihr Satzfutter oft jahrelang wiederkäuen! Und wie munter die eher abwegigen sich die Zeit vertreiben! Ganz zu schweigen von den elementaren, die eine Welt tragen und kein Verschieben oder Umordnen hinnehmen, sondern sich in einem solchen Fall rächen.

Ich sollte eine Geschichte der unterschiedlichen Büchercharaktere schreiben: Welche »Beziehung« ich zu ihnen unterhalte oder aufbaue, wie ich sie füttere, wie ich sie (in Krisenfällen) zu therapieren versuche, wie ich mit manchen von ihnen »täglichen Umgang pflege« …

Quellenverzeichnis

Claire Beyer
Mias Wunder, S. 23
Originalbeitrag © Claire Beyer. Abdruck mit freundlicher Genehmigung der Autorin

Amir Hassan Cheheltan
Großmutters Geschichte*, S. 12
Aus: Amir Hassen Cheheltan, Der Zirkel der Literaturliebhaber. Roman. Aus dem Persischen von Jutta Himmelreich © Verlag C. H. Beck oHG, München 2020
[*Titel von der Herausgeberin]

Dorette Deutsch
Marco Polo war hier, S. 110
Originalbeitrag © Dorette Deutsch. Abdruck mit freundlicher Genehmigung der Autorin

Ulrike Draesner
Der Funke, S. 64
Originalbeitrag © Ulrike Draesner. Abdruck mit freundlicher Genehmigung der Autorin

Rüdiger Görner
Drei erste Lesezeichen, S. 77
Originalbeitrag © Rüdiger Görner. Abdruck mit freundlicher Genehmigung des Autors

Gabriela Jaskulla
Der Schrank, S. 41
Originalbeitrag © Gabriela Jaskulla. Abdruck mit freundlicher Genehmigung der Autorin

Else Lasker-Schüler
Stadt, Buch und Läden, S. 7
Aus: Else Lasker-Schüler, Werke und Briefe. Kritische Ausgabe. Band 4: Prosa 1921-1945. Nachgelassene Schriften. Bearbeitet von Karl Jürgen Skrodzki und Itta Shedletzky, Jüdischer Verlag, 2001. © Jüdischer Verlag im Suhrkamp Verlag

Root Leeb
Höhenflüge, S. 102
Originalbeitrag © Root Leeb. Abdruck mit freundlicher Genehmigung der Autorin

Nadja Mayer
Masthähnchen und Pumpenschlumpf, S. 86
Originalbeitrag © Nadja Mayer. Abdruck mit freundlicher Genehmigung der Autorin

Hanns-Josef Ortheil
Ich löse meine Bibliothek auf, S. 151
Erstveröffentlichung: https://www.ortheil-blog.de/2018/01/20/ich-loese-meine-bibliothek-auf/ © Hanns-Josef Ortheil. Abdruck mit freundlicher Genehmigung des Autors

Karl-Heinz Ott
Der Betrunkene in der Bibliothek, S. 136
Originalbeitrag © Karl-Heinz Ott. Abdruck mit freundlicher Genehmigung des Autors

Theresia Walser
Die Büchermauer, S. 130
Originalbeitrag © Theresia Walser. Abdruck mit freundlicher Genehmigung der Autorin

Franziska Wolffheim
Die verrückte Bibliothek, S. 143
Originalbeitrag © Franziska Wolffheim. Abdruck mit freundlicher Genehmigung der Autorin